**使いやすい！教えやすい！家庭学習に最適の問題集！**

# 鳴門教育大学附属小学校



## 2021年度版 過去問題集

<問題集の効果的な使い方>

①お子さまの学習を始める前に、まずは保護者の方が「入試問題」の傾向や難しさを確認・把握します。その際、すべての「学習のポイント」にも目を通しましょう。

②入試に必要なさまざまな分野学習を先に行い、基礎学力を養ってください。

③学力の定着が窺えたら「過去問題」にチャレンジ！

④お子さまの得意・苦手が分かったら、さらに分野学習をすすめレベルアップを図りましょう！

### 必ずおさえたい問題集

鳴門教育大学附属小学校

| | |
|---|---|
| 図形 | Ｊｒ・ウォッチャー 54「図形の構成」 |
| 常識 | Ｊｒ・ウォッチャー 56「マナーとルール」 |
| 言語 | Ｊｒ・ウォッチャー 17「言葉の音遊び」 |
| 推理 | Ｊｒ・ウォッチャー 15「比較」、58「比較②」 |
| 常識 | Ｊｒ・ウォッチャー 27「理科」、55「理科②」 |

**全40問**

昨年度実施の過去問題 ＋ それ以前の特徴的な問題 を収録!!

●資料提供●

祖川幼児教育センター

ISBN978-4-7761-5329-0

C6037 ¥2500E

9784776153290

1926037025009

定価　本体2,500円＋税

日本学習図書 ニチガク

目指せ！合格！

# 家庭学習ガイド
# 鳴門教育大学附属小学校

## 入試情報

出題形態：ペーパー・ノンペーパー
面　　接：あり
出題領域：ペーパーテスト
（お話の記憶、音楽、数量、言語、常識、図形、常識）、絵画、
行動観察、口頭試問

## 受験にあたって

本年度の入学試験は、お話の記憶・音楽・数量・言語・図形・常識・絵画・行動観察・口頭試問など幅広い分野から出題されました。

お話の記憶の特徴は、登場人物が多いお話が出題されていることです。「誰が何を言ったか、どういう行動を取ったか」を正確に把握し、お話全体の内容を頭の中でイメージしていくことが大切です。

常識分野の問題では理科、道徳からよく出題されています。理科の知識を身に付けるには、実際に触れたり、観たりした体験や図鑑、インターネットなどのメディアを通すなどのさまざまな学びの機会を活かして、バランスよく学習していくことが大切です。

マナーなどの道徳的知識は、正しい行動をただ教えるのではなく、保護者の方自身がお子さまに見本を示すことが大切です。その際、理由も添えると、より効果的です。

ペーパーテストでは「間違えた時は２本線で訂正する」「お友だちの解答用紙を見ない」「始めなさいの合図で鉛筆を持ち、終わりなさいの合図で鉛筆を置く」という約束が話されます。日頃からこうした指示に慣れておくようにしましょう。

## 必要とされる力　ベスト６

チャートで早わかり！

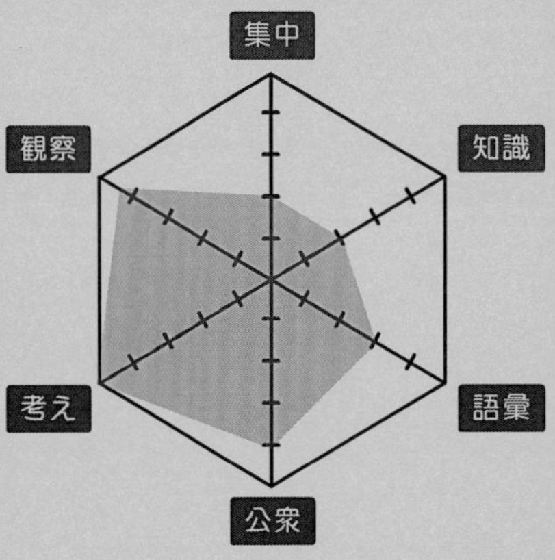


特に求められた力を集計し、左図にまとめました。
下図は各アイコンの説明です。

| | ア イ コ ン の 説 明 |
|---|---|
| 集中 | 集　中　力…他のことに惑わされず１つのことに注意を向けて取り組む力 |
| 観察 | 観　察　力…２つのものの違いや詳細な部分に気付く力 |
| 聞く | 聞　く　力…複雑な指示や長いお話を理解する力 |
| 考え | 考える力…「～だから～だ」という思考ができる力 |
| 話す | 話　す　力…自分の意志を伝え、人の意図を理解する力 |
| 語彙 | 語　彙　力…年齢相応の言葉を知っている力 |
| 創造 | 創　造　力…表現する力 |
| 公衆 | 公衆道徳…公衆場面におけるマナー、生活知識 |
| 知識 | 知　　識…動植物、季節、一般常識の知識 |
| 協調 | 協　調　性…集団行動の中で、積極的かつ他人を思いやって行動する力 |

※各「力」の詳しい学習方法などは、ホームページに掲載してありますのでご覧ください。https://www.nichigaku.jp

# 鳴門教育大学附属小学校
# 過去問題集

## 〈はじめに〉

現在、少子化が叫ばれているにもかかわらず、私立・国立小学校の入学試験には一定の応募者があります。入試は、ただやみくもに学習するだけでは成果を得ることはできません。志望校の過去における出題傾向を研究・把握した上で、練習を進めていくこと、その上で試験までに志願者の不得意分野を克服していくことが必須条件です。そこで、本問題集は小学校を受験される方々に、志望校の出題傾向をより詳しく知っていただくために、過去に遡り出題頻度の高い問題を結集いたしました。最新のデータを含む精選された過去問題集で実力をお付けください。

## 〈本書ご使用方法〉

◆出題者は出題前に一度問題に目を通し、出題内容などを把握した上で、〈準備〉の欄に表記してある物を用意してから始めてください。
◆お子さまに絵の頁を渡し、出題者が問題文を読む形式で出題してください。
◆「分野」は、問題の分野を表しています。弊社の問題集の分野に対応していますので、復習の際の目安にお役立てください。
◆一部の描画や常識等の問題については、解答が省略されているものがあります。お子さまの答えが成り立つか、出題者が各自でご判断ください。
◆〈時間〉につきましては、目安とお考えください。
◆学習のポイントは、指導の際にご参考にしてください。
◆【おすすめ問題集】は、各問題の基礎力養成や実力アップにご使用ください。

## 〈本書ご使用にあたっての注意点〉

◆文中に **この問題の絵は縦に使用してください。** と記載してある問題の絵は縦にしてお使いください。
◆文中に **この問題の絵はありません。** と記載してある問題には絵の頁がありませんので、ご注意ください。なお、問題の絵の右上にある番号が連番でなくても、中央下の頁番号が連番の場合は落丁ではありません。
下記一覧表の●が付いている問題は絵がありません。

| | | | | | | | | | |
|---|---|---|---|---|---|---|---|---|---|
| 問題1 | 問題2 | 問題3 | 問題4 | 問題5 | 問題6 | 問題7 | 問題8 | 問題9 | 問題10 |
| | | | | | | | | | |
| 問題11 | 問題12 | 問題13 | 問題14 | 問題15 | 問題16 | 問題17 | 問題18 | 問題19 | 問題20 |
| | ● | | | ● | | | | | |
| 問題21 | 問題22 | 問題23 | 問題24 | 問題25 | 問題26 | 問題27 | 問題28 | 問題29 | 問題30 |
| | | | | | ● | | | | |
| 問題31 | 問題32 | 問題33 | 問題34 | 問題35 | 問題36 | 問題37 | 問題38 | 問題39 | 問題40 |
| | | | | | | | | | |

※問題を始める前に、「本書ご使用方法」「ご使用にあたっての注意点」「家庭学習ガイド」をご覧ください。

## *2020年度の最新問題*

### 問題1　分野：お話の記憶

集中　聞く

〈準備〉　鉛筆

〈問題〉　リスさんが森で「預かり屋」を開きました。荷物を１日預けると、ドングリ１個リスさんに渡さなければなりません。はじめにクマさんがやってきました。クマさんは山の温泉に３日間旅行に出かけるので、金魚を預かってほしいと言いました。クマさんはリスさんにドングリを３個渡しました。そのあと、旅行から帰ってきたクマさんはお土産に団子をリスさんにあげました。次にウサギさんがやってきました。ウサギさんは、勉強を１週間したいから、玩具を預かってほしいと言いました。ウサギさんはリスさんにドングリを７個渡しました。次にやってきたのは、サルさんです。サルさんは茶色い重たそうな袋を持ってきました。１ヵ月預かってほしいといって、ドングリを30個リスさんに渡しました。ところが１ヵ月経っても、サルさんは荷物を取りにきません。リスさんは「何が入っているのかな？」と気になって袋を開けてみると、その中には幼虫が入っていました。２ヵ月、３ヵ月経ってもサルさんはきませんでした。ある日、リスさんが袋を開けてみると、カブトムシがいました。

①「預かり屋」に２番目に来たお客さんは誰ですか。○をつけてください。
②クマさんは何をリスさんに預けましたか。○をつけてください。
③クマさんはお土産に何をくれましたか。○をつけてください。
④サルさんが預けた荷物の中身は何ですか。○をつけてください。

〈時間〉　各15秒

〈解答〉　①右から２番目（ウサギ）　②左端（金魚）　③左から２番目（団子）
④右端（カブトムシ）

［2020年度出題］

### 学習のポイント

当校のお話の記憶は、例年400字程度のお話を聞き取ります。お話自体はそれほど長くありませんが、登場人物が多いので１人ひとりの行動をきちんと整理しながら聞き取らないとスムーズに答えるのは難しいかもしれません。「きちんと整理して聞く」とは「誰が何をした」ということを明確にするということです。このお話ならば、「クマくんは３日間旅行へ行くためにリスさんに金魚を預かってもらった」といったことを確認しながら聞くということになります。保護者の方は、読み聞かせをしている時に「誰が」「何を」と質問してください。何度も繰り返せばお子さまもそのことを意識するようになり、「情報を整理しながらお話を聞く」という姿勢が身に付いていきます。

【おすすめ問題集】
１話５分の読み聞かせお話集①②、お話の記憶 初級編・中級編・上級編、
Ｊｒ・ウォッチャー19「お話の記憶」

## 問題2　分野：音楽　聞く

〈準備〉　音源（それぞれリズムの違うタンバリンを叩く音を３種類
　　　　　メロディーが異なるピアノの音を４種類）、再生装置
※②の音源はそれぞれ動物のイメージに合ったものを用意すること
（ウサギなら軽やかに、ゾウなら低音で強く弾いているものなど）

〈問題〉　①今から先生が手を叩きますので聞いてください。
（先生が手を叩く）
それでは、手元の絵を見てください。
今から絵の中の動物たちがタンバリンを叩きます。よく聞いてください。
（音源を流す。ウサギ、ネコ、パンダの順番で流す）
先生と同じリズムでタンバリンを叩いている動物に○をつけてください。

②今から聞くピアノの音は動物たちの足音を表現しています。
それでは聞いてください。
（音源を流す、ウサギ、ゾウ、ウマ、イヌの順番で流す）
恐竜の足音のように、ドシンドシンと足音を鳴らしている動物は誰ですか。

〈時間〉　５分

〈解答〉　①省略　②ゾウ

［2020年度出題］

### 学習のポイント

音楽の聞き分けの問題は例年出題されています。この問題の特徴は①のように正確なリズムを聞き分けたり、②のように実際の音とは違う音をイメージして聞き分けたり、とそれぞれ異なった聞き分けが必要なことです。というのもこれらの問題の観点がそれぞれ違っており、①の場合は「リズム」を、②の場合は「音」を理解できているかどうかが観られています。「リズム」の場合ははっきりと違いがわかるので特別な対策をする必要はありませんが、②の場合は実際の音というよりは、「そのものに対するイメージ」の音を答える問題なので、さまざまな動物を見るなどをして、お子さまの動物に対するイメージを育みましょう。その際に、保護者の方は「どのような足音かな？」と質問してください。答えによってお子さまの「動物に対するイメージ」が確認でき、間違っていたらその場で訂正していきましょう。

【おすすめ問題集】
Ｊｒ・ウォッチャー20「見る記憶・聴く記憶」

## 問題3　分野：想像画

創造

〈準備〉　鉛筆、画用紙

〈問題〉　**この問題の絵を参考にしてください。**
見本例は三角形に絵を描き足して、ヨットを描きました。
下の図形に線を描き足して、自由に絵を描いてください。
※絵の出来上がりは問題の絵を参考にしてください。

〈時間〉　５分

〈解答〉　省略

［2020年度出題］

### 学習のポイント

当校では例年、「山へ遊びに行った時の様子を描く」といった漠然とした課題の絵画制作が出題されていましたが、今年は図形を取り入れて絵を描くという当校としてはかなり複雑な課題の絵画制作が出題されています。内容は複雑ですが、やるべきことが明確なのでお子さまにはかえって制作しやすいかもしれません。見本の絵を見ればわかるように美的センスや技術を求められてはいないので、指示に従う、つまり図形を取り入れた絵を描けばよいのです。その条件を守れば、後は年齢なりの道具の使い方、後片付けといったマナーなど、態度や姿勢に注意すれば、悪い評価は受けないでしょう。

【おすすめ問題集】
Ｊｒ・ウォッチャー22「想像画」

## 問題4　分野：常識（マナー）　公衆　協調

〈準備〉　鉛筆

〈問題〉　（問題４－１の絵を渡す）
①良いことをしている絵に○をつけてください。
（問題４－２の絵を渡す）
②命を守るために働いている車に○をつけてください。
（問題４－３の絵を渡す）
③命を守るためにしている絵には○を、そうでない絵に×をつけてください。

〈時間〉　２分

〈解答〉　①③下図参照　②左上（消防車）、真ん中（救急車）

［2020年度出題］

### 学習のポイント

当校では例年、常識分野の出題があり、中でも理科的常識や交通ルール、マナーについての出題が多いようです。共通するのはどれもふだんの生活で得た知識について尋ねていることでしょう。理科的知識にしてもわざわざ図鑑で知るものよりは、ふだん散歩をしていれば目に入るものが出題されています。交通ルールやマナーに関しても同じで、どのお子さまでも経験がありそうなことについてです。対策としては、過去問などに答えるのもよいですが、日々の生活の中で保護者の方がお子さまに理由を含めて教えることです。「～しなさい」と感情的になるとかえってお子さまはルールやマナーを覚えません。また、時代や環境に合わせてということなのか防犯・防災についての知識も出題されることが多くなりました。詳細なものでなくてもよいので、「～の時には～する」という形で対処の仕方を決め、家族共通のルールにしておいてください。

【おすすめ問題集】
Ｊｒ・ウォッチャー12「日常生活」、56「マナーとルール」

**家庭学習のコツ**　**「家庭学習ガイド」はママの味方！**

問題演習を始める前に、試験の概要をまとめた「家庭学習ガイド（本書カラーページに掲載）」を読みましょう。「家庭学習ガイド」には、応募者数や試験科目の詳細のほか、学習を進める上で重要な情報が掲載されています。それらの情報で入試の傾向をつかみ、学習の方針を立ててから、対策学習を始めてください。

## 問題5　分野：常識（理科）

知識　観察

〈準備〉　鉛筆

〈問題〉　（問題５－１の絵を渡す）
①土の中にできる野菜に○、そうでないものに×をつけてください。
（問題５－２の絵を渡す）
②卵から生まれる生きものに○、そうでないものに×をつけてください。
（問題５－３の絵を渡す）
③上の絵の次の季節の絵に○をつけてください。

〈時間〉　各15秒

〈解答〉　①○：ダイコン、ニンジン、サツマイモ、ゴボウ
×：トマト、ナス、キャベツ、キュウリ、ピーマン
②○：ニワトリ、ワニ、ツバメ、カメ、カエル
×：ウサギ、イヌ、ライオン
③○：海水浴（夏）

[2020年度出題]

### 学習のポイント

繰り返しになりますが、当校では常識分野からの出題が多いので、対策は行っておきましょう。ここでは理科的常識と季節について聞いています。前述したように理科的常識は、ふだんの生活で目にするものが中心ですが、年齢なりに知っていておかしくないものが出題されることがあります。②のワニやライオンなどは実物を目にしたことがないかもしれませんが、この年頃のお子さまなら何らかの形で知っているだろうということで出題されているのです。こうしたものについては過去問を参考に出題されそうな知識を押さえておきましょう。動物なら「胎生・卵生」「棲息場所」「よく見る季節」「エサ」、植物なら「開花・収穫の時期」「種・葉などの形」などでしょうか。いずれも出題されそうな、基本的な知識だけでかまいません。

【おすすめ問題集】
Ｊｒ・ウォッチャー27「理科」、34「季節」、55「理科②」

## 問題6　分野：推理（比較）　観察

〈準備〉　鉛筆

〈問題〉　**問題6-1の絵は縦に使用してください。**

（問題6－1の絵を渡す）

①上の段を見てください。この中から4番目に短いひもに○をつけてください。

②下の段を見てください。同じコップの中に同じ大きさのビー玉が入っています。コップの中の水が1番少ないものはどれでしょうか。○をつけてください。

（問題6－2の絵を渡す）

③木の1番近くにいる子どもに○を、1番遠くにいる子どもに×をつけてください。

〈時間〉　各20秒

〈解答〉　①②③下記参照

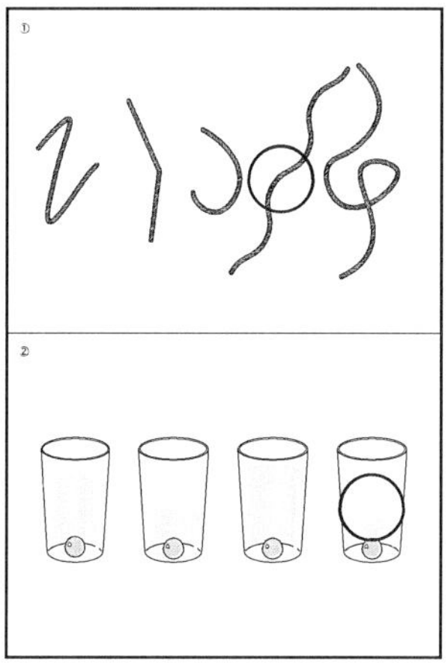

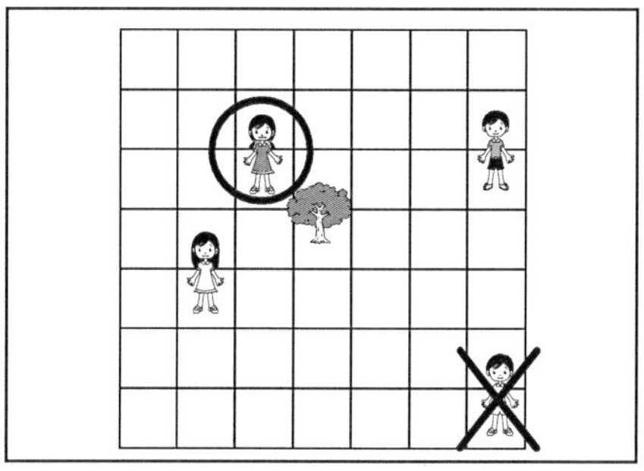

［2020年度出題］

## 学習のポイント

推理分野、比較の問題です。推理分野の問題は答えがわかればよい、というものではなく、「～だから～だ」と考えることが大切です。②や③のように一見して答えがわかる問題もありますが、その部分を省略してしまうと将来につながる学習ではなくなってしまいます。①もなぜ右から２番目のひもが４番目に短いのかを考えてください。まず「４番目に短いひも」は「２番目に長いひも」と同じだと気付けばかなり考えやすくなります。「引っ掛け」とも言えないような表現ですが、これに気付かないと少し手間取るでしょう。後は右端のひもとの比較で折れ曲がっている部分の大きさなどを見比べれば答えはすぐにわかるはずです。

【おすすめ問題集】

Ｊｒ・ウォッチャー15「比較」、58「比較②」

## 問題7　分野：数量（計数・比較）　観察

〈準備〉　鉛筆

〈問題〉　①上の段を見てください。お菓子屋さんでドーナツ１個を買うには、葉っぱが２枚、アメ１個を買うには１枚必要です。では、ドーナツ１個とアメ４個買うとしたら、葉っぱは何枚必要ですか。真ん中の段にその数だけ○を書いてください。

②ドーナツ１個とアメ４個を買いました。では、ドーナツ１個とアメ２個食べると、それぞれいくつ残りますか。１番下の段のそれぞれの四角にその数だけ○を書いてください。

〈時間〉　各20秒

〈解答〉　①○：６　②ドーナツ○：０、アメ○：２

［2020年度出題］

## 学習のポイント

基礎的な数量の問題で、①は「一対多の対応」②は「計数」の複合的な問題です。はじめてこのような問題に挑むお子さまでも答えられるのではないでしょうか。問題の指示をきちんと聞いて落ち着いて答えましょう。この問題に関してはそれで構いませんが、小学校受験の数量の問題で身に付けておくべきものは、年齢相応の「数に対する感覚」です。難しく聞こえますが、「1から10までのものなら、一目でいくつあるかがわかる」「（1～10までの）2つの集合の多少がわかる」といったものです。算数の学習の根本になるものの1つですから、ただ答えるのではなく、そういったものの習得を目標としてみましょう。受験対策以上の成果があるはずです。

【おすすめ問題集】
　Ｊｒ・ウォッチャー14「数える」、37「選んで数える」

## 問題8　分野：図形（四方からの観察）

考え　観察

〈準 備〉　鉛筆

〈問 題〉　左の四角を見てください。この積み木を矢印の方向から見るとどのように見えますか。右の四角の中から正しいものを見つけて○をつけてください。

〈時 間〉　各30秒

〈解 答〉　下図参照

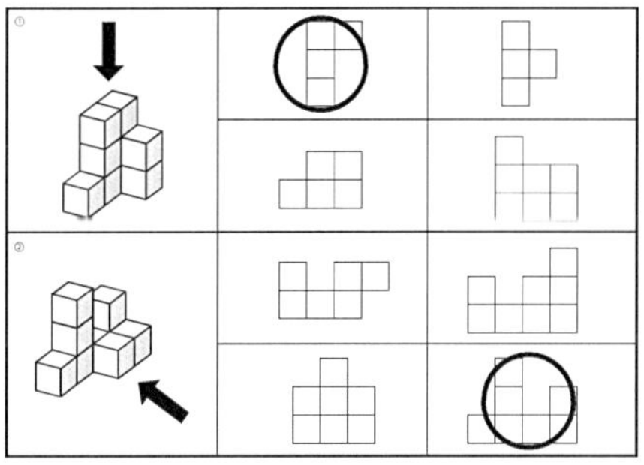

［2020年度出題］

## 学習のポイント

積み木を矢印の方向から見るとどのように見えるかという「四方からの観察」の問題です。絵は矢印の方向から描かれていないため、イメージして答えなければいけません。大人が思っている以上にお子さまにとっては難しい問題と言えます。そのようにイメージするには実際に実物を見なければなかなか身に付きません。実際に実物（積み木など）を問題と同じ様に積んで、さまざまな視点から見てみましょう。視点を変えることによって、図形が変わる様子を確認してください。これを繰り返し行っていけば、次にこの問題の類題を解く時に、矢印の方向を見て、その方向から見た図形を想像できるようになるでしょう。

【おすすめ問題集】

Ｊｒ・ウォッチャー10「四方からの観察」、53「四方からの観察　積み木編」

## 問題9　分野：図形（回転図形）

考え　観察

〈準備〉　鉛筆

〈問題〉　上の四角を回転させると下のどの図形と同じになりますか。正しいものに○をつけてください。

〈時間〉　30秒

〈解答〉　下図参照

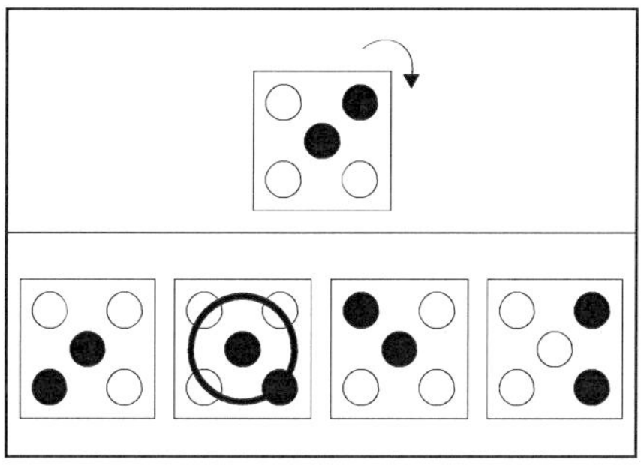

［2020年度出題］

## 学習のポイント

上の図形が矢印の方向に回転するとどの形になるか答える「回転図形」の問題です。「回転図形」の問題の回転するというのは、矢印の方向に90度傾けるという意味です。見本の図形を実際に矢印の方向に回転してみると、右上の●が、右下へ移動することがわかります。真ん中の●はそのままなので、答えが左から２番目だとわかります。このように説明してもお子さまがあまり理解していないようであれば、実際に図形を回転させて見てみましょう。お子さまというのは１度見ればすぐに理解できるものです。学習の場合ならば、このように回転させて解くことに問題はありませんが、実際の試験でこのように解くことはやめましょう。不格好なだけでなく、「考える」という姿勢がないと学校に判断されかねません。

【おすすめ問題集】

Ｊｒ・ウォッチャー46「回転図形」

## 問題10　分野：図形（構成）

考え　観察

〈準 備〉　鉛筆

〈問 題〉　５枚のカードを重ねて置いています。そのうち、上から１番目と２番目のカードをお友だちに渡しました。今、どのカードが１番上にきていますか。下の段のそのカードと同じ形に○をつけてください。

〈時 間〉　30秒

〈解 答〉　下図参照

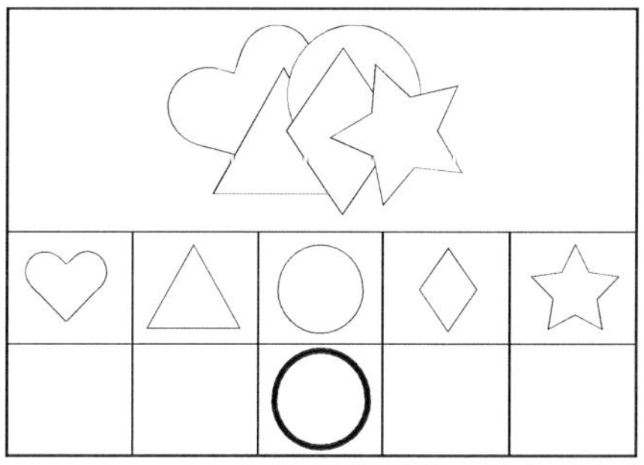

[2020年度出題]

## 学習のポイント

この問題は一目見て、記号が重なる順番を見つけられなければいけません。というのも、１番上の記号と２番目の上の記号を渡すという指示が出されているので、「重なり」を理解しているという前提で問題が出題されているからです。図形を見ればわかる通り、複雑な記号ではありませんし、この年齢のお子さまであれば、まず間違えることはないでしょう。ですから、指示を聞き間違えるというケアレスミスに注意しましょう。この問題だけに限らず、どの問題も指示をしっかり聞いてから解くということを心掛けてください。

【おすすめ問題集】

Ｊｒ・ウォッチャー９「合成」、35「重ね図形」、54「図形の構成」

## 問題11　分野：言語（いろいろな言葉）　聞く

〈準備〉　鉛筆

〈問題〉　「ゴロゴロ」という言葉が合う絵に○を、そうでない絵に×をつけてください。

〈時間〉　30秒

〈解答〉　下記参照

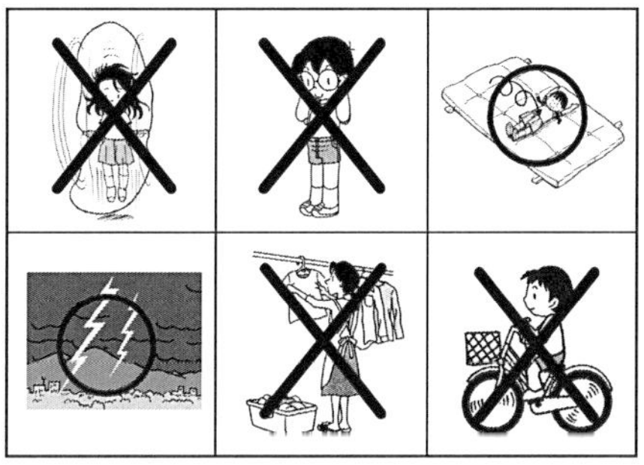

［2020年度出題］

## 学習のポイント

「擬音語」や「擬態語」を使った言葉遊びの問題です。これらの言葉は人によって、捉え方が違ったりするので一概にこれが正解ということは言えませんが、あくまで一般的にその表現がよく使われるということで本問では正解を「右上」と「左下」にしています。「擬音語」や「擬態語」のような言葉は机の上で学習するよりは生活の中で使っていくと、お子さまは語彙として身に付くようになります。例えば、カミナリが鳴っていれば、保護者の方が「かみなりが『ゴロゴロ』と鳴ってるね」と使うだけでも、お子さまはその言葉を使ってみようと身に付けていきます。

【おすすめ問題集】

Ｊｒ・ウォッチャー17「言葉の音遊び」、18「いろいろな言葉」

## 問題12　分野：行動観察（集団行動・口頭試問）

協調　聞く　話す

〈準備〉　トイレットペーパーロール、ボール（４個）、油性ペン（12色）、

〈問題〉　**この問題の絵はありません。**

（５～６名のグループで活動する）
・トイレットペーパーロールの外側に絵を描いてください。
・みんなが描いたトイレットペーパーをどの位置に置くか、グループのお友だちと話し合って決めてください。
・ボールを転がして、トイレットペーパーを倒してください。

集団行動の途中で口頭試問が行われる。
・「お友だちと何をして遊ぶのが好きですか」
・「１人で遊んでいる子がいたらどうしますか。お話出来る人は、手を挙げてください」

〈時間〉　適宜

〈解答〉　省略

［2020年度出題］

### 学習のポイント

集団行動と面接の課題です。５～６名のグループを作り、指示通りに課題をこなします。途中で先生から合図があり、グループごとに面接会場へ移動します。面接は、全員に質問が出され、挙手した順番に答える形式で進められます。面接終了後は、集団行動の課題に戻ります。終了の合図があったら、道具を箱に片付けます。集団行動では、取り組む姿勢、協調性などが観られています。並べる位置などを友だちと相談し、協力しながら進められると、よい評価につながるでしょう。このような課題では、会場に集合した時点から、片付けが終わるまでの流れのすべてが、評価の対象として観察されています。課題に取り組んでいる時はしっかり行動できていても、面接会場への移動の際に友だちとふざけて減点されてしまっては、せっかくの課題で得た評価が無駄になってしまいます。待機時間、移動時間の姿勢や振る舞い方について、あらかじめお子さまに指導をしておくとよいでしょう。

【おすすめ問題集】
Ｊｒ・ウォッチャー29「行動観察」、面接テスト問題集

## 2019年度以前の過去問題

### 問題13　分野：お話の記憶

聞く　集中

〈準　備〉　鉛筆

〈問　題〉　動物たちがお絵描きをしています。動物たちが大人になったらやりたいことを描いています。はじめにキツネさんの絵をのぞいてみました。キツネさんは、飛行機の絵を描いています。キツネさんは、パイロットになりたいのでしょうか。キツネさんに聞いてみると、「そうだよ。たくさんの人を乗せて、遠くまで連れて行ってあげたいんだ」と答えました。次に、タヌキさんの絵をのぞいてみました。タヌキさんの絵には、おいしそうなケーキの絵が描いてあります。パティシエになりたいのでしょうか。タヌキさんに聞いてみると、「ちがうよ。私は、おいしいケーキを家族みんなに作ってあげるお母さんになりたいの」と答えました。最後にネズミさんの絵をのぞいてみました。ネズミさんは、家を建てている絵を描いています。大工さんになりたいのでしょうか。ネズミさんに聞いてみると、「大正解！　僕の体は小さいから、大きな家はすぐには建てられないけれど…。でも小さな隙間とか、いろいろなところに入れるから、壊れない丈夫な家を作りたいんだ」と答えました。

①タヌキさんは、どんな絵を描きましたか。○をつけてください。
②ネズミさんが描いた絵に、何を描き足したらよいでしょうか。○をつけてください。
③最後にのぞいたのは、誰のお絵描きでしょうか。○をつけてください。

〈時　間〉　各15秒

〈解　答〉　①真ん中（ケーキ）　②右（ノコギリとカナヅチ）
③左（ネズミ）

［2019年度出題］

### 学習のポイント

当校のお話の記憶は、例年400字程度のお話を聞き取った後で、３～４問程度の質問に答える形式で行われます。登場人物が行動をしたり、登場人物同士で話をするという流れの内容が用意され、質問が出されています。このような形式のお話の場合は、登場人物のそれぞれについて、「誰が、何をした（話した）」を覚えるようにしましょう。例えば本問の場合、１.キツネさんはパイロットになりたい。２.タヌキさんはお母さんになりたい。３.ネズミさんは大工になりたい。ということが把握できていればよいでしょう。ふだんの練習の際に、お話のすべてを細かく覚えようとするのではなく、「誰が、何をした（話した）」という点について、シンプルに把握することを心がけてください。もちろん、このような力は、日々の繰り返しによって伸びるものです。効率よく覚えるために、「今日は、誰が、何をしたのかを覚えよう」のように、具体的なポイントを伝えてから練習をするのもよいでしょう。

【おすすめ問題集】

１話５分の読み聞かせお話集①②、お話の記憶 初級編・中級編・上級編、
Ｊｒ・ウォッチャー19「お話の記憶」

## 問題14　分野：音楽

聞く

〈準 備〉　ピアノ、鍵盤ハーモニカ、太鼓の音源（それぞれ①～③の問題に合うものを用意する）、再生装置

〈問 題〉　①今から聞く音楽にちょうど合う絵はどれですか。選んで○をつけてください。
（かけっこに合う音楽：「天国と地獄」など）
②先生がピアノを弾きます。その後で、３匹の動物が先生のピアノの真似をして、鍵盤ハーモニカを弾きます。
先生の弾いたピアノと同じ曲が弾けた動物に、○をつけてください。
③先生がピアノを弾きます。その後で３匹の動物が太鼓を叩きます。
先生のピアノと合うリズムで太鼓を叩いた動物に、○をつけてください。

〈時 間〉　各15秒

〈解 答〉　①左端（かけっこ）　②③省略

［2019年度出題］

### 学習のポイント

例年出題されている、音楽の聞き分けの問題です。本年度は手本のイメージに合う絵、手本と同じメロディー、リズムが問われました。音楽を扱った問題だけに、やや感性に頼った判断をしなければならないのが、本問の特徴です。例えば①では、音楽にちょうど合う絵を探します。正解はリズムや雰囲気で見つけられると思いますが、厳密な意味での正解はありません。③も同様に、極端なものでない場合、ピアノに合うと感じるリズムは人それぞれです。おそらく、明確に判断できるような、わかりやすい曲が用意されていたことが推測できます。本問への対策としては、感性を磨くというより、「今の音は、どんな感じがする」と、音を聞いた時の印象を言葉にさせてみるとよいでしょう。なお、お子さまが異なる選択肢を選んだ場合でも、お子さまが選んだ理由を聞いて、それが妥当だと判断できる場合は、正解にしてください。

【おすすめ問題集】
Ｊｒ・ウォッチャー20「見る記憶・聴く記憶」

## 問題15　分野：課題画

聞く　創造

〈準 備〉　鉛筆、紙

〈問 題〉　**この問題の絵はありません。**
あなたが山へ遊びに行ったらウサギさんに会いました。ウサギさんと遊んでいたら、ほかの動物たちもたくさん出てきたので、みんなで一緒に遊びました。その様子の絵を書いてください。

〈時 間〉　５分

〈解 答〉　省略

［2019年度出題］

## 学習のポイント

課題画では、テーマに合った絵を描きます。この課題では、指示通りに描けているか、道具は正しく使えているか、積極的に取り組めているか、創造性があるかといったことが観られています。まずは指示に沿ったテーマで絵を描くことを、大切にしてください。その際に気を付けなければいけないのが、「あなたが山へ遊びに行った」というところです。必ず自分の姿を絵に描かなければいけないわけではありませんが、自分視点の絵になっていた方が、よい評価を得られるかもしれません。また、背景や時間など、さまざまなことを想像して描くことができますが、動物の種類や数を自由に想像できるという点で、「ほかの動物たち」を描くところで創造性を出すのがよいかもしれません。なお、このような課題では、時間内に描き終えられないことがよくあります。そのような場合は、絵の全体がわかるように、大きなものから描くように指導してください。中断した場合でも、何を描いたのかが伝わりやすくなります。

【おすすめ問題集】
Ｊｒ・ウォッチャー22「想像画」

## 問題16　分野：常識（道徳）

知識　観察

〈準 備〉　鉛筆

〈問 題〉　（問題16-１の絵を渡す）
①命を守るために、道路にあるマークはどれですか。
②風邪などの病気の予防になることはどれですか。
（問題16-２の絵を渡す）
③よいことをしている絵には〇、悪いことをしている絵には×をつけてください。

〈時 間〉　各15秒

〈解 答〉　下図参照

［2019年度出題］

### 学習のポイント

常識分野の問題は、当校で例年出題されています。中でも本問で扱われている標識や病気の予防、交通ルールなどの道徳に関する問題は、小学校進学後の生活に必要な知識のため、出題頻度が高くなっています。このような知識は、問題集などで学ぶとともに、日常生活の中で身に付けるとよいでしょう。特に交通マナーについては、行為の良し悪しだけでなく、その理由もあわせて教えるようにしてください。例えば③の横断歩道では、マナー違反がそのままお子さま自身の危険につながりますので、「信号無視は危ない。赤信号で渡ると車に轢かれるかもしれないから、いけない」というような言葉で伝えるとよいでしょう。ほかにも、電車の中にいる場合、「電車の中で騒ぐと周りの人に迷惑だからいけない」というように、理由とともに伝えてください。

【おすすめ問題集】
　Ｊｒ・ウォッチャー12「日常生活」、56「マナーとルール」

## 問題17　分野：常識（理科）

知識　観察

〈準備〉　鉛筆

〈問題〉　①左の絵と同じ季節のものには○、違うものには×をつけてください。
②この絵の中から、正しい影の絵には○、間違っている絵には×をつけてください。

〈時間〉　各15秒

〈解答〉　①左から順に、×、×、○、○　②左から順に、○、×、×、○

［2019年度出題］

### 学習のポイント

①のサクラは、春を代表する植物です。アサガオは夏、コスモスは秋、タンポポとチューリップも春の植物として知られています。気候や地域によっては盛んな時期が多少異なることもありますが、一般的な季節で覚えるようにしてください。②の影は、太陽とものをまっすぐにつないだ先にできるものです。太陽、もの、影の位置の関係を理解しておくと、容易に判断できるようになります。なお、選択肢の右から２番目では、影は正しい位置にできていますが、女の子と影では手の位置が違っています。こういった細かな点にも気を付けてください。当校では、理科分野の問題も例年出題されています。本問で扱われた季節や影の位置のほかにも、生きものや植物の特徴、風向きなどさまざまなものが過去には出題されています。出題の幅は広いですが、難しい問題はあまり見られません。基本的な知識を、幅広く身に付けられるような学習を進めてください。

【おすすめ問題集】
　Ｊｒ・ウォッチャー27「理科」、55「理科②」

## 問題18　分野：数量（計数・比較）　観察

〈準備〉　鉛筆

〈問題〉　（問題18－1の絵を渡す）
①上の段を見てください。積み木はいくつありますか。その数だけ右側に、○を書いてください。
②下の段を見てください。２本のひものうち、長い方に○をつけてください。
（問題18－2の絵を渡す）
③この絵の中で、１番数が多い動物はどれですか。右の絵に○をつけてください。

〈時間〉　各20秒

〈解答〉　①○：９　②上　③上（キツネ）

［2019年度出題］

### 学習のポイント

数量分野の問題では、数をかぞえる、数や長さを比べる問題が、例年出題されています。計数の問題では、過去には10以上の数を扱う問題も出題されていますので、15程度までの数は、正確にかぞえられるようにしてください。①のように、いくつかの積み木が重ねられている問題では、列ごとに分けて積み木を数えます。本問の積み木を左、中、右の３列に分けると、左の列には５個、中の列には３個、右の列には１個積み木があるとわかります。わかりにくい場合は、実際の積み木を使って確認しながら数えるとよいでしょう。②のようにものの長さを比べる場合は、それぞれの同じ部分と、違う部分に注目します。本問の場合、巻かれたひもの幅はどちらも同じですが、巻いた数がそれぞれ違います。幅が同じならば、巻いた数が多い方のひもが長いことになります。③のようにランダムに置かれたものを数える時は、上から下までを１度に見る感じで、左から右へと目を動かしていきます。例えばキツネは、絵の左側の上と下に見つけられます（１・２匹目）。そのまま目を右に動かしていくと、真ん中あたりに１匹（３匹目）、さらに進むと上と下にそれぞれ１匹（４・５匹目）、そして右端の真ん中あたりに２匹（６・７匹目）見つけられます。

【おすすめ問題集】
Ｊｒ・ウォッチャー14「数える」、15「比較」、16「積み木」、37「選んで数える」、58「比較②」

## 問題19　分野：図形（構成）

考え　観察

〈準　備〉　鉛筆

〈問　題〉　（問題19－１の絵を渡す）
①下の形の中で、上にある三角のカードを４枚使ってできる形には○を、できない形には×をつけてください。
（問題19－２の絵を渡す）
②ネズミがケーキを持っています。丸い形のケーキを作るには、どの動物のケーキと合わせるとよいでしょうか。選んで○をつけてください。

〈時　間〉　各30秒

〈解　答〉　①下図参照　②右端（ネコ）

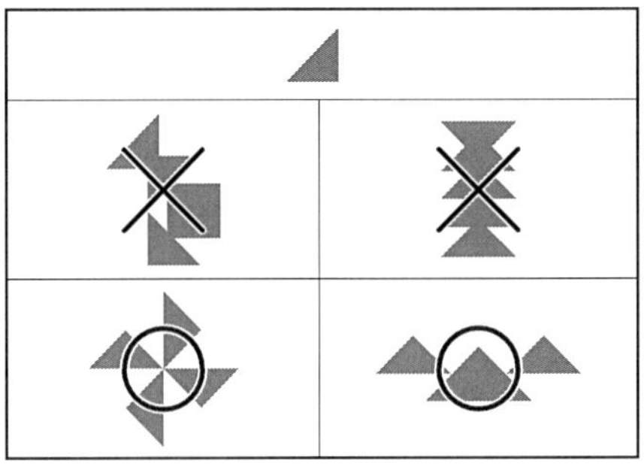

［2019年度出題］

### 学習のポイント

図形分野の問題も、当校では例年出題されています。それぞれの形の特徴を把握し、回転させたり、組み合わせた時の形をイメージできるように、パズルなどの具体物を使ったり、練習問題を通して繰り返し練習してください。本問では、図形を組み合わせた時の形を考えます。①では４枚の三角形のカードを組み合わせた形を選びます。使われている三角形は、どれも同じ形です。同じ三角形を２つ合わせた時、四角形や大きな三角形ができることを知っていれば、答えは見つけられます。②では、２つのケーキを組み合わせた時、円になるものを選びます。ネズミのケーキは、その形から円を４等分したものとわかります。この形に合いそうなものは、ウシとネコのケーキです。ウシのケーキは、欠けているところが少し大きいので違います。それぞれの形を見比べて、ネズミのケーキと合う形を見つけてください。

【おすすめ問題集】
Ｊｒ・ウォッチャー９「合成」、45「図形分割」、54「図形の構成」

## 問題20　分野：常識（聞き取り）

聞く　協調

〈準備〉　鉛筆

〈問題〉　４匹の動物がコマ回しをして遊ぼうとしています。でもコマは２つしかありません。みんなで仲良く遊ぶには、どうしたらよいでしょうか。正しいことを言っている動物に、○をつけてください。

クマ「１人で遊びたいから、みんなは、あっちに行って」
サル「みんなさわっちゃダメだよ」
ネコ「僕がコマで遊ぶから、みんなは、ほかのもので遊んでいいよ」
イヌ「みんなで遊ぼうよ」

〈時間〉　15秒

〈解答〉　右端（イヌ）

［2019年度出題］

### 学習のポイント

動物たちの会話から、常識として正しいものを選ぶ問題です。小学校に進学すると、お友だちが増え、お互いにコミュニケーションをとる機会が増えます。自分の考えを言うだけでなく、他人の考えを聞いたり、お互いに譲り合ったりする場面も増えてくるでしょう。そのような時の振る舞い方が問われている問題です。それぞれの動物の発言は、お子さまたちが集まった時に、誰かが口にしそうなものばかりです。もし自分が言われたらどう思うか、自分が言ったら相手はどう思うかを、お子さま自身の主観的な目線だけではなく、ほかの人から見た客観的な目線で考えられるように指導するとよいでしょう。

【おすすめ問題集】

Ｊｒ・ウォッチャー56「マナーとルール」

## 問題21　分野：記憶（お話の記憶）

聞く　集中

〈準備〉　鉛筆

〈問題〉　お話をよく聞いて、後の質問に答えてください。

森にお鍋が落ちていました。ゾウがそのお鍋を見つけて、蓋を開けて中に入りました。次にクマがやってきてお鍋を見つけました。クマが蓋を開けるとお鍋の中にゾウがいました。
クマはゾウに「入ってもいいかい」と聞いて中に入りました。次にキツネがやってきて、蓋を開けてお鍋の中に入りました。次にリスがやってきてお鍋を見つけました。蓋を開けて入ろうとしましたが、キツネとクマが「もう、いっぱいで入れないよ」と言いました。すると、ゾウが「僕の頭の上に乗りなよ」と言ったので、リスはゾウの頭の上に乗りました。
そこへ人間の女の子が通りかかって、お鍋の蓋を開けました。するとたくさんの動物たちが入っていたのでびっくりして、川へ逃げていきました。

①森の中に落ちていたものは何でしたか。その絵に○をつけてください。
②お話に出てきた動物には○、出てこなかった動物には×をつけてください。
③「頭の上に乗れば」といった動物に○をつけてください。
④女の子はどこに逃げましたか。その絵に○をつけてください。

〈時間〉　各15秒

〈解答〉　下図参照

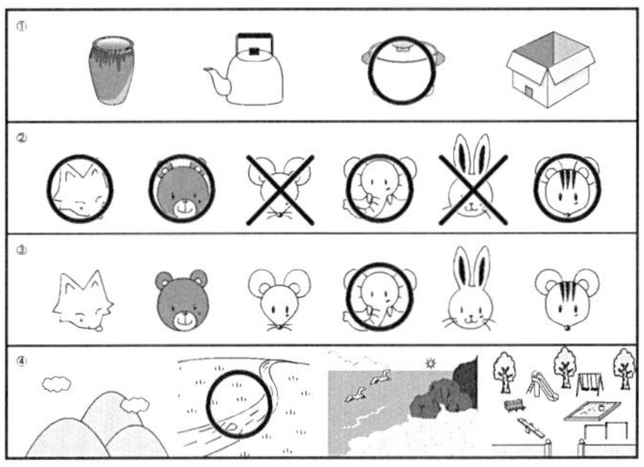

［2018年度出題］

## 学習のポイント

お話の流れに沿っていくつかの質問が用意されている、スタンダードなお話です。登場する動物の行動を順番に追って、セリフなどの細かい部分へと意識を向けて聞き取るとよいでしょう。その際に、場面をイメージしながら聞くと、お話を記憶しやすくなります。ふだんの読み聞かせで、保護者の方は「最初の場面ではどんなことがあったのか」などと、お子さまに質問をしていくと、お子さまは場面を意識した聞き取りをするようになっていきます。つぎに、さらに細かい描写の質問をしていく、ということを繰り返し行っていきましょう。そうすれば、場面のできごとを細かい描写で記憶することが自然とできるようになっていきます。

【おすすめ問題集】

1話5分の読み聞かせお話集①・②、お話の記憶 初級編・中級編・上級編、
Ｊｒ・ウォッチャー19「お話の記憶」

## 問題22　分野：音楽

集中　聞く

〈準 備〉　太鼓、ＣＤ（１・ピアノで楽しいイメージの曲、２・バイオリンで悲しいイメージの曲、３・フルートで穏やかな感じの曲）、音源の再生装置、鉛筆

〈問 題〉　①太鼓の音を聴いてリズムを覚えましょう。
（はじめに3匹のいずれかのリズムを叩く。その後、３匹の動物のそれぞれのリズムを叩く）
（１つ目のリズムを叩く）はじめは、ウマのリズムです。
（２つ目のリズムを叩く）つぎは、ゾウのリズムです。
（３つ目のリズムを叩く）最後は、ウサギのリズムです。
はじめに聴いた太鼓のリズムと同じリズムの動物に○をつけてください。
②今から３曲聴いてください。
（クラッシック音楽を３曲再生する）
（１番目の曲を再生する）これは「ネコの音楽」です。
（２番目の曲を再生する）これは「キリンの音楽」です。
（３番目の曲を再生する）これは「パンダの音楽」です。
楽しい音楽はどの動物の音楽でしたか。その動物を選んで○をつけてください。
③今から音楽を聴いてください。
（ピアノやバイオリンで演奏している音楽を３曲再生する）
（１番目の曲を再生する）これは「イヌの音楽」です。
（２番目の曲を再生する）これは「ライオンの音楽」です。
（３番目の曲を再生する）これは「ネズミの音楽」です。
ピアノで演奏していたのはどの動物の音楽でしたか。その動物を選んで○をつけてください。

〈時 間〉　適宜

〈解 答〉　省略

［2018年度出題］

### 学習のポイント

「音を記憶する問題」は当校ではよく出題される分野です。本年度はリズムの聞き分け、音色の聞き分け、楽器の聞き分けが出題されましたが、過去には動物の鳴き声や生活音などを聞き分ける問題もありました。さまざまな種類の音を聞いた経験があると、回答がしやすくなります。特にピアノやバイオリンなどの楽器の音色は、この機会に聴いておくとよいでしょう。また、本問では再生された音を、動物が鳴らした音楽に置き換えることも求められます。そのため、音を聞くことだけでなく、先生の指示も聞き逃さないようにしなければなりません。

【おすすめ問題集】
　Ｊｒ・ウォッチャー20「見る記憶・聴く記憶」

## 問題23　分野：数量（比較）

観察　考え

〈準 備〉　鉛筆

〈問 題〉　①同じ大きさの５つのコップに水が入っています。水の量が１番多いコップには○、１番少ないコップには×をつけてください。
　②大きさの違う５つのコップに水が入っています。水の量が１番多いコップには○、１番少ないコップには×をつけてください。

〈時 間〉　各30秒

〈解 答〉　①○：右端　×：真ん中　②○：左端　×：左から２番目

[2018年度出題]

### 学習のポイント

コップに入った水の量を比較する問題です。ものを比べる時の基本的な考え方と、それぞれのコップを見分ける観察力が観られています。複数のものを比べる時には、それぞれに共通している部分を確認した上で、違っている部分を比べます。①の場合、コップの形が共通しているので、水面の高さがそのままの水の量になります。②の場合、水面の高さが共通しているので、コップの形で比較します。このように、比べ方がわかれば、あとはそれぞれのコップをていねいに観察すれば答えは見つかります。この考え方は、日常生活にも応用できる場面があります。見て学べる機会なので、実際に取り組んでみてください。

【おすすめ問題集】
　Ｊｒ・ウォッチャー14「数える」、38「 たし算・ひき算１」、
39「たし算・ひき算２」、40「数を分ける」

## 問題24　分野：常識（日常生活）

公衆

〈準　備〉　鉛筆

〈問　題〉　ウサギが落ち葉拾いに出かけます。どこへ行ったらいいのかを、動物たちに聞きました。正しい答え方をしている動物に○をつけてください。

クマ「あそこに行ったら美味しい焼肉屋があるよ」
キツネ「袋を持って山へ行ったらいいよ」
タヌキ「袋を持って川へ行ったらいいよ」

〈時　間〉　20秒

〈解　答〉　○：キツネ

［2018年度出題］

### 学習のポイント

何かを行うときは、その行いにふさわしい進め方や、場所、持ちものなどがあります。それらに対応できる基本的な知識が問われていると思ってください。また、もしお子さまが知らないことに関するものの場合、推測して正しいことを判断できるかどうかも見られています。本問の場合、落ち葉拾いをした経験があるお子さまにとっては、非常に簡単な問題となります。その経験がない場合に、「落ち葉は普通どこにあるのか」「落ち葉を拾ったらどうするのか」を考えれば、答えにたどりつけます。それでもお子さまが困っているようでしたら、お子さまの答えた理由を聞いてみてください。お子さまの理由と正解のズレを確認することができます。

【おすすめ問題集】
Ｊｒ・ウォッチャー12「日常生活」、30「生活習慣」、56「マナーとルール」

## 問題25　分野：課題画

創造

〈準　備〉　鉛筆

〈問　題〉　（問題25のイラストを渡して）
手本の形を使って、Ｔシャツに模様を描いてください。

〈時　間〉　10分

〈解　答〉　省略

［2018年度出題］

## 学習のポイント

絵画や制作の課題には、正解・不正解はありません。自分なりの発想で自由に表現できるように、ふだんから積極的にお絵かき・工作に親しんで、道具や材料の扱いに慣れるとともに、想像力、創造力を養うとよいでしょう。想像力、創造力を養うには、まずはお子さまの自由な発想に任せ、好きなように描かせることが重要です。保護者の方はつい手や口を出したくなるかもしれませんが、見守りましょう。お子さまが絵を仕上げたら、色の使い方など何でも構わないので褒めてあげてください。そうすることでお子さまの自信につながり、積極的にお絵かきや工作を取り組むようになるでしょう。

【おすすめ問題集】
実践 ゆびさきトレーニング①②③、Ｊｒ・ウォッチャー24「絵画」

## 問題26　分野：行動観察（集団行動・口頭試問）

協調　聞く　話す

〈準備〉　（１グループ４～６名）
おもちゃ：けん玉、おはじき、ぬりえ、折り紙、かるた、紙コップ、紙皿、絵本、あやとりのひも等

〈問題〉　この問題の絵はありません。
・活動する枠内の場所にブルーシートがある。そのブルーシートの下に玩具を準備。グループの子どもたちでブルーシートを取り除く。
・好きなものを選んで遊ぶ。１人で遊んでもいいし、友だちと遊んでもいい。
・片付けの合図で玩具を全部かごの中に片付ける。

集団テストの途中で口頭試問が行われる。
・「お家でお手伝いをしている人は、手を挙げてください」
・「お家では、どのようなお手伝いをしていますか」
・「さっき（グループ活動）は何をして遊びましたか。お話できる人は、手を挙げてください」

〈時間〉　適宜

〈解答〉　省略

［2018年度出題］

## 学習のポイント

グループで共通の目標を持って行う活動は、行動力や協調性などを観察するのに適しています。まずは先生の指示をしっかりと聞き、課題に取り組んでください。指示の内容を理解しているか、指示を守っているか、友だちときちんと話し合っているか、積極的に行動しているか、友だちと協力しあっているか、人に迷惑をかけていないかなど、評価のポイントは多岐に渡ります。日頃から、家族とのコミュニケーションや友だちとの遊びを通し、集団の中でのマナーやルールを自然に身に付けながら、人を尊重し協力しあうことを学んでいきましょう。本番の試験では、周囲ははじめて会うお子さまばかりです。日頃から友だちと関わりながら遊べるよう、保護者の方々がお手本となって教えてあげてください。なお、試験では行動観察の作業中にグループごとに口頭試問が行われました。挙手をする手はピンと自信を持って挙げるようにしましょう。当てられた場合はハキハキと大きな声で答えること。その際、「○○です」のように語尾を統一して答えましょう。練習の時は、お子さまの答えに対して「それはどうしてですか」という質問を加えてください。近年、国立・私立を問わず、お子さまの答えからさらに発展させたり、掘り下げる質問をする学校が増えています。考えられる質問にあらかじめ答えを用意して臨むのではなく、きちんと考えて答えることができることが望ましいです。

【おすすめ問題集】

Ｊｒ・ウォッチャー29「行動観察」、新口頭試問・個別テスト問題集

## 対策問題

### 問題27　分野：複合（座標、数量）

考え　観察

〈準備〉　鉛筆

〈問題〉　１番上の段を見てください。カンガルーは、左端の黒い●から数えて４つ目の●までジャンプすることができます。黒く塗ってあるのはカンガルーが止まった場所です。
①上から２段目と３段目を見てください。ウサギは、左端の黒い●から数えて３つ目の●までジャンプすることができます。カエルは、左端の黒い●から数えて２つ目の●までジャンプすることができます。それぞれ、ウサギとカエルが止まった場所を黒く塗りつぶしてください。
②下から２段目を見てください。ウサギとカエルが左端の●からスタートします。では、旗のあるゴールの○にぴったり止まることができるのはどちらですか。下の絵から選んで○をつけてください。

〈時間〉　各１分

〈解答〉　下記参照

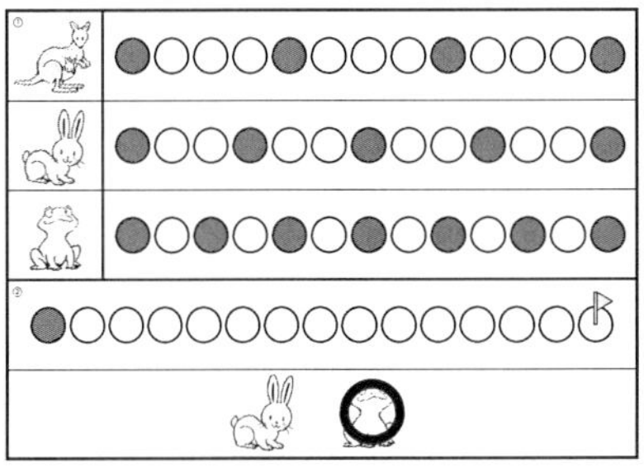

### 学習のポイント

最初にウサギとカエルはそれぞれ左端の黒丸から跳びますから、ウサギの１跳び目は左から４つ目の所、カエルは３つ目の所になります。説明を聞いて、この動きをしっかりと理解できれば、①ではそれぞれの動きを確認していくだけです。②では、ウサギは２つ飛ばしで丸を進みますから、ゴールを跳び越えてしまいます。このような問題では、移動の過程を頭の中だけで考えると、間違えてしまいやすいものです。指で押さえながら移動させたり、鉛筆で印をつけたりするなどして、正確に進められる方法を試してみてください。

【おすすめ問題集】
Ｊｒ・ウォッチャー２「座標」、14「数える」、47「座標の移動」

## 問題28　分野：図形（展開）

考え　観察

〈準備〉　折り紙（見本用として１枚あればよい）

〈問題〉　（問題28－１の絵を渡す）
①②折り紙を１回だけ折ってできるものには○を、できないものには×をつけてください。
（問題28－２の絵を渡す）
③④⑤左の絵のように折るとどれになりますか。正しい絵に○をつけてください。

〈時間〉　各20秒

〈解答〉　①○：左端、真ん中、×：右端　②○：左端、×：真ん中、右端
③④⑤下図参照

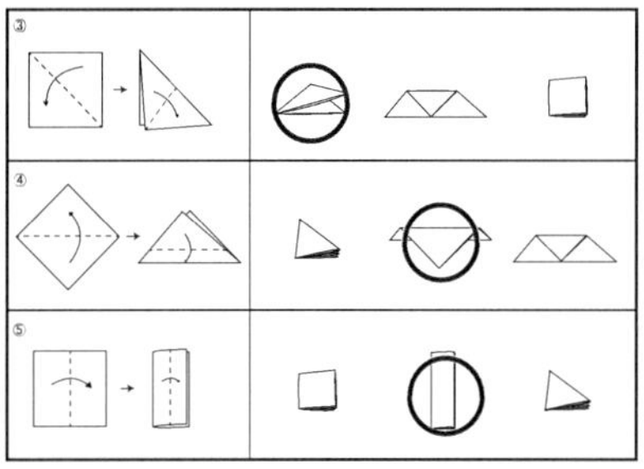

### 学習のポイント

折り紙を折った時の形に関する問題です。折り紙を折った時の形を頭に思い浮かべ、指示にあったものを選びます。①では、折り紙を１回折った時の形を探します。選択肢の形を広げた時、どのようになるのかを考えるのがポイントです。②では、指示通りに折った時の形を選びます。１回目に折った時の形は図に描かれているので、それをヒントに２回目に折った形を考えると、比較的容易に答えが見つかります。このような問題では、折り紙を実際に折った経験があると、折った後の形を想像しやすくなります。お子さまと一緒に、実際に折り紙を折って、その時にできる形や、広げた時の線を見てみましょう。さまざまな折り方を試しているうちに、折ったあとの形を頭の中で想像できるようになります。

【おすすめ問題集】
Ｊｒ・ウォッチャー５「回転・展開」

## 問題29　分野：常識

公衆

〈準備〉　鉛筆

〈問題〉　問題の絵を見てください。この中で、あなたがお母さんにしてもらっていることの絵には○を、自分でしていることの絵には×をつけてください。

〈時間〉　１分

〈解答〉　省略

## 学習のポイント

お子さまが、ふだんどのような生活を送っているのかを観ている問題です。それぞれの絵について、○でも×でも不正解ということはありません。しかし、着替えや片付けなど、自分でやった方がよいと考えられる行為、また左下の「友だちと遊びたいので、お母さんに声をかけてもらっている」絵のように社交性に関わる行為については、ふだんなかなか意識しないことでもあります。それぞれの行為についてお子さま自身がどう思うのか、お子さまに確認してみましょう。

【おすすめ問題集】
Ｊｒ・ウォッチャー12「日常生活」、30「生活習慣」

## 問題30　分野：数量（計数）

考え　観察

〈準　備〉　鉛筆

〈問　題〉　**この問題の絵は縦に使用してください。**
（問題30－１の絵を渡す）
①問題の絵を見てください。
・●はいくつありますか。その数だけ●の枠に○を書いてください。
・△はいくつありますか。その数だけ△の枠に○を書いてください。
・△と▲の数の違いはいくつですか。その数だけ△▲の枠に○を書いてください。
・○と●の数の違いはいくつですか。その数だけ○●の枠に○を書いてください。
・●と○を合わせるといくつですか。その数だけ●○の枠に○を書いてください。
（問題30－２の絵を渡す）
②問題の上の絵を見てください。
・ヒヨコが５羽、ニワトリが５羽います。次の日、ヒヨコが２羽ニワトリになりました。ヒヨコとニワトリは、それぞれ何羽になりましたか。その数だけ○を書いてください。
③下の段を見てください。
・３匹の動物達がクッキーを焼いています。すると２匹の動物のお客さんがやってきました。お客さんにクッキーを3枚ずつあげようと思います。お客さんのクッキーは、全部でいくついりますか。その数だけ○を書いてください。
・動物達全員がイスに座ります。全部でいくつのイスがいりますか。その数だけ○を書いてください。

〈時　間〉　各１分

〈解　答〉　①●：８　△：10　△▲：６　○●：３　●○：13
②ニワトリ○：７　ヒヨコ○：３　③クッキー○：６　イス○：５

## 学習のポイント

数を「数える」「合わせる」「違いを見つける」問題です。当校では例年、数量分野の知識を問う出題が目立ちます。10程度の数をかぞえ、それらを足したり、引いたりできる感覚を身に付けておくと、スムーズに解答できるようになります。計算する力も大切ですが、数えた２つの数をその場で覚えて、そのまま計算しなければならないところが、本問の難しいところです。目の前にある数を見ながら計算ができるようになったら、次のステップとして、数を覚えてから計算する練習に取り組んでください。少しお子さまにとっては難しいですが、段階的に進めれば、上手に計算できるようになります。

【おすすめ問題集】

Ｊｒ・ウォッチャー14「数える」、36「同数発見」、37「選んで数える」、
38「たし算・ひき算１」、39「たし算・ひき算２」

## 問題31　分野：数量（たし算・ひき算）

考え　観察

〈準備〉　鉛筆

〈問題〉　（問題31-１の絵を渡す）
①問題の絵を見てください。動物が絵のように並んでいます。９つのミカンをすべての動物に１つずつ配ると、ちょうどミカンがなくなりました。壁の後ろに隠れている動物は何匹でしょうか。その数と同じだけ、下の四角の中に○を書いてください。
（問題31-２の絵を渡す）
②問題の絵を見てください。木が２本生えている広場にウサギが７匹います。隠れているのは何匹ですか。その数だけ○を書いてください。答えは☆のマークのところに書いてください。
③７匹いるウサギのうち、２匹が帰りました。残りは何匹ですか。その数だけ○を書いてください。答えは♡のマークのところに書いてください。
（問題31-３の絵を渡す）
④問題の絵を見てください。ケーキ屋さんに行きました。お店には自分の前に２人、後ろに１人並んでいます。では、全部で何人ケーキ屋さんに並んでいますか。その数だけ○を書いてください。

〈時間〉　各30秒

〈解答〉　①○：４　②○：３　③○：５　④○：４

## 学習のポイント

数を比べる、あるいは数の合計を問う問題は当校ではよく出題されています。①では動物たちにミカンを１つずつ配っていくと、ちょうどなくなるわけですから、壁に隠れている動物の数は「ミカンの数から、今見えている動物の数を差し引いた残りの数」となります。②では全部でウサギが７匹いること、姿が見えているウサギが４匹いることが理解できていれば、それほど難しい問題ではないでしょう。④も同様ですが、絵には並んでいる人が描かれていないので、聞き取ったことを頭の中で整理して答えを見つけます。

【おすすめ問題集】

Ｊｒ・ウォッチャー14「数える」、44「見えない数」
38「たし算・ひき算１」、39「たし算・ひき算２」

## 問題32　分野：常識（理科）

知識

〈準備〉　なし

〈問題〉　**この問題の絵は縦に使用してください。**

①（問題32－１の絵を渡す）
上の扇風機を回した時と同じ風の向きの絵には○、違う絵には×をつけてください。

②（問題32－２の絵を渡す）
上の傘を持った女の子と同じ風の向きの絵には○、違う絵には×をつけてください。

〈時間〉　１分

〈解答〉　①○：左上、右下　　×：右上、左下
②○：左下　　×：左上、右上、右下

### 学習のポイント

常識の問題は、当校で頻出の分野です。特に理科的な問題では、図鑑や映像から学べる知識だけでなく、生活に根付いた知識が問われることも特徴です。本問では、風の吹いてくる方向を扱っています。さまざまなものが風に吹かれると、ものは風の吹く方向と同じ方向に押されていきます。①では、扇風機が右を向いているので、風は左側から吹いているとわかり、右方向へ流されているものが正解になります。②では女の子の傘が左側へ傾いているので、風は右から吹いているとわかります。風の吹く方向や影のできる方向といったことは、日常生活の中で理解していくものです。本問の指示はお子さまにとっては、わかりにくいかもしれないので、この問題ができていない場合は、風向きについて理解できていないと決めつけず、設問の指示が理解できているかどうかも確認してください。

【おすすめ問題集】
Ｊｒ・ウォッチャー27「理科」、55「理科②」

## 問題33　分野：常識（理科）

知識

〈準備〉　鉛筆

〈問題〉　（問題33－１の絵を渡す）

①上の段を見てください。飛ぶ生きものに○を、飛べない生きものには×をつけてください。

②真ん中の段を見てください。足が６本ある生きものには○を、そうでない生きものには×をつけてください。

③下の段を見てください。赤ちゃんの時、水の中にいる生きものに○を、そうでない生きものには×をつけてください。

（問題33－２の絵を渡す）
土の中で生活する生きものに、○をつけてください。

〈時間〉　２分

〈解答〉　下図参照

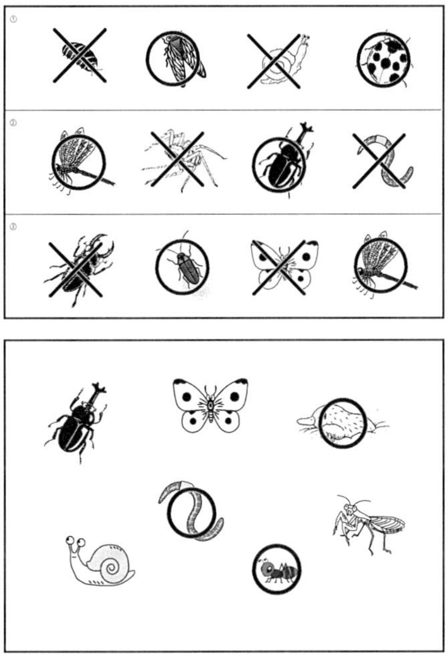

## 学習のポイント

当校では、理科的な常識の問題が多く出題されています。本問のほかにも、虫をエサにしているもの、卵から産まれる生きものとそうでない生きもの、幼虫と成虫で姿が違う虫などのように、さまざまな出題があります。昆虫とは体が頭・胸・腹の３か所に分かれ、頭部には１対の触覚、胸部には３対の足があるものです。この定義を知識とした上で、生きもののさまざまな生態を、図鑑や博物館などで楽しみながら覚えてください。また、お子さまが直接生きものと触れ合える機会があればぜひその機会を活用してください。

【おすすめ問題集】
Ｊｒ・ウォッチャー27「理科」、55「理科②」

## 問題34　分野：図形（四方からの観察）　考え　観察

〈準備〉　鉛筆

〈問題〉　（問題34-1の絵を渡す）
①どの矢印の方向から見たら、左の絵のように見えますか。矢印に○をつけてください。
（問題34-2の絵を渡す）
②③④
左側のように積み木を積みました。それぞれの積み木を、いろいろな方向から見た時、正しく見えている絵を、右側の四角の中から選んで○をつけてください。

〈時間〉　各30秒

〈解 答〉 ①下図参照　②左から２番目　③左端、右から２番目、右端
④左から２番目、右から２番目、右端

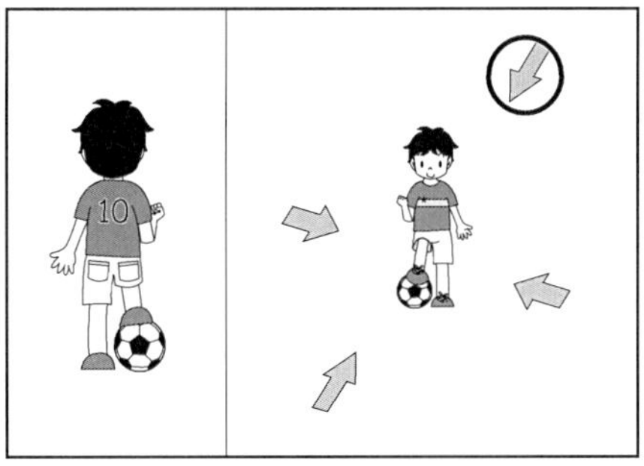


## 学習のポイント

四方からの観察の問題です。立体的な図形を四方から見ると、正面から見たときとは違った形に見えますが、正面から見た時と後ろから見た時とでは、同じ形でも反転したように見えることが特徴です（左右から見たときも同様です）。この特徴を利用して、正面からは見えない部分の形を想像していきます。ふだんの学習では、積み木やぬいぐるみなどさまざまな物を用意して、実際に四方から見てみることをおすすめします。

【おすすめ問題集】
Ｊｒ・ウォッチャー10「四方からの観察」、53「四方からの観察　積み木編」

## 問題35　分野：常識（季節）　知識

〈準 備〉 鉛筆

〈問 題〉 問題の絵を見てください。
①（問題35－１の絵を渡して）
同じ季節によく見られるもの同士を選んで、上の段と下の段で線で結んでください。
②（問題35－２の絵を渡して）
扇風機と同じ季節のものを選んで、○をつけてください。
③（問題35－３の絵を渡して）
雪だるまと同じ季節のものを選んで、○をつけてください。

〈時 間〉 各１分

〈解 答〉 ①下図参照
②○：かき氷、風鈴
③○：豆まき、鏡餅、しめ縄、クリスマス

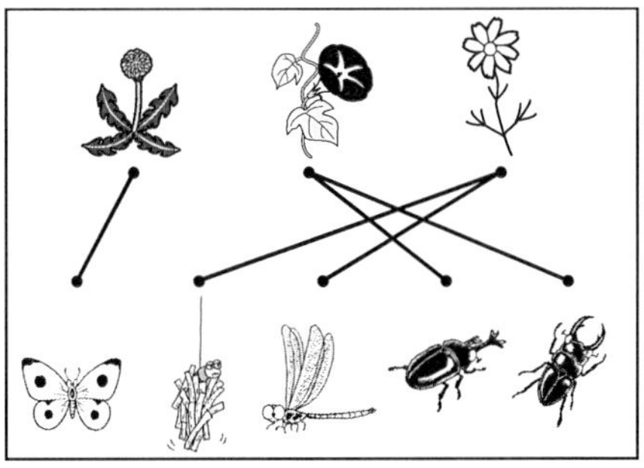

## 学習のポイント

常識問題が多く出題される当校では、季節の問題もしっかりと対策をとる必要があります。季節感が薄くなってきている昨今、できるだけ積極的に季節を感じるように心がけてください。季節の行事は、できるだけご家庭で行うようにしましょう。また、野菜や果物など、いつの季節でも手に入る物が増えてきています。旬の野菜や果物など、食卓に並ぶように気を配るだけでも、体験を通した学びになります。今までに問題などで触れた植物、虫、野菜、果物、行事については、１度季節ごとにまとめてみると、よい復習になります。

【おすすめ問題集】
Ｊｒ・ウォッチャー27「理科」、34「季節」、55「理科②」

## 問題36　分野：常識（マナー）

知識　公衆

〈準備〉　鉛筆

〈問題〉　道路には人がクルマや乗り物にぶつからないようにするための標識がたくさんあります。

①（問題36-１の絵を渡す）
この中から、学校に行く時に道路で見る標識を探して、○をつけてください。

②（問題36-２の絵を渡す）
この中から、非常口を表すマークを選んで、○をつけてください。

〈時間〉　各30秒

〈解答例〉　①踏切あり（上段左から２番目）、横断歩道あり（中段右から２番目）
進入禁止（下段左から２番目）
②右上

## 学習のポイント

さまざまな標識に関する問題です。公立小学校より範囲が広い学区を持つ国立小学校では、お子さまの通学に関する安全面への配慮からか、当校に限らず、こうした問題がたびたび出題されます。問題集を使用した学習としてではなく、ふだん、道を歩いている時の話題の１つとしてお子さまと話し合ってみましょう。それぞれの標識がどのような意味を持つのかを教える際には、言葉だけでなく、お子さまに行動で示すことが大切です。まずは保護者の方々が規範意識を持ち、お子さまの指導にあたってください。

【おすすめ問題集】
Ｊｒ・ウォッチャー12「日常生活」、56「ルールとマナー」

## 問題37　分野：数量（分配、位置）

考え　観察

〈準 備〉　鉛筆

〈問 題〉　①上の段の左側の絵を見てください。ビスケットが８個あります。
・３個食べると残りはいくつでしょうか。その数だけ、右のビスケットの段に○を書いてください。
・２人で分けると、１人いくつもらえるでしょうか。その数だけ、子どもが２人いる段に○を書いてください。
・４人で分けると、１人いくつもらえるでしょうか。その数だけ、子どもが４人いる段に○を書いてください。
②下の段を見てください。パトカーは前から何台目にありますか。下の四角にその数だけ○を書いてください。

〈時 間〉　各30秒

〈解 答〉　①上から　○：５　○：４　○：２
②○：６

### 学習のポイント

①はひき算と、数を分ける問題です。小学生になると、これを暗算で行うようになりますが、そのための下地として、本問のように絵や具体物を見て、数えて考えることがよい練習となります。菓子やおもちゃなどお子さまの好きなものを題材とすれば、お子さまも興味を持って学習に取り組むでしょう。②は位置の問題です。左右の弁別とともに、入試では頻出です。位置を把握するには、日常生活から位置を意識した言葉がけをするとよいでしょう。例えば「これを居間にあるタンスの３段目の引き出しにしまって」だとか、「スーパーまではどうやって行くの？」といった会話をすると、自然に位置や順序といった概念が身に付いてくるでしょう。

【おすすめ問題集】
Ｊｒ・ウィッチャー２「座標」、38「たし算・ひき算１」、39「たし算・ひき算２」、40「数を分ける」

## 問題38　分野：推理（比較）

考え

〈準 備〉　鉛筆

〈問 題〉　それぞれのコップの水に、その上にある砂糖を全部入れた時、１番甘くなるのはどれですか。下の四角に○を書きましょう。

〈時 間〉　各30秒

〈解 答〉　①右から２番目　②右端

## 学習のポイント

甘さ（水溶液の濃度）を比較する問題です。砂糖水を作る時、「水の量が同じであれば砂糖の量が多いほど甘くなる」「砂糖の量が同じであれば水の量が少ないほど甘くなる」ということをお子さまが理解しているか、まず確認してみましょう。家庭でも簡単に実験できることですので、お子さまとともに試してみるとよいでしょう。このように、比べ方がわかれば、あとはそれぞれのコップをていねいに観察すれば答えは見つかります。この考え方は、比較の問題だけでなく、日常生活にも応用できる場面もあるので、ものを観察する時には、ここでいう砂糖やコップのように「同じ部分」と「変わっている部分」に注目することを意識して、練習を進めてください。なお、設問②は、水の量も砂糖の量もまちまちであるため、どれが１番甘くなるか、ややわかりにくいかもしれません。その場合、「水の量が少なく砂糖の量が多いものが１番甘い」と考えると、よりわかりやすくなるでしょう。

【おすすめ問題集】

Ｊｒ・ウォッチャー27「理科」、31「推理思考」、55「理科②」

## 問題39　分野：言語

知識　語彙

〈準備〉　鉛筆

〈問題〉　**この問題の絵は縦に使用してください。**
それぞれの段で、全部の絵を使ってしりとりができるものを選んで、左上の四角の中に○を書いてください。

〈時間〉　１分

〈解答〉　○：１番下の段（くつした→タコ→こたつ→つくえ→えんぴつ）

## 学習のポイント

図鑑などを見て興味を持たせて、物の名前を正しい名称で覚えていくとよいでしょう。言語の問題で大切なのは語彙の豊富さだけではなく、物の名称を正確に覚えることです。地方や家族独特の言い方ではなく、一般名称で覚えるようにしましょう。そのためには、周りにいる大人が正確な語彙を教えていくことが大切です。また、言葉遊びは、しりとりや同頭語、同尾語などを集めてみたり、ゲームやクイズなどを取り入れてみたり、楽しみながら学習したりするとよいでしょう。

【おすすめ問題集】

Ｊｒ・ウォッチャー17「言葉の音遊び」、49「しりとり」、
60「言葉の音（おん）」

## 問題40　分野：数量（シーソー）

考え　観察

〈準備〉　鉛筆

〈問題〉　①２つのシーソーを見てください。
・１番重い形はどれですか。○をつけてください。
・１番軽い形はどれですか。×をつけてください。
②２つのシーソーがありますが、どちらのシーソーも釣り合っています。
・１匹の重さが１番重い動物に○をつけてください。
・１匹の重さが１番軽い動物に×をつけてください。

〈時間〉　２分

〈解答〉　①○：□　×：△　　②○：イヌ　×：ウサギ

### 学習のポイント

シーソーが釣り合っている場合、数が多いものほど1つあたりの重さは軽くなります。そのことを踏まえて考えてください。①では、□は○と△を合わせたのと同じ重さであることから、□は○と△のどちらよりも重いことがわかります。したがって、3つのうち1番重いのは□ということになります。②のように、複数の釣り合ったシーソーからそれぞれの重さを比べる問題では、1番軽いものを単位としてすべての重さを表すと、わかりやすくなります。本問であれば、ウサギ1匹を単位として、下のシーソーからネコはウサギ2匹分、上のシーソーからイヌはウサギ2匹分（ネコ）＋ウサギ1匹分でウサギ3匹分というように、すべてをウサギで置き換えて考えると、理解しやすくなるでしょう。

【おすすめ問題集】

Ｊｒ・ウォッチャー15「比較」、33「シーソー」、57「置き換え」

## 鳴門教育大学附属小学校　専用注文書

年　　月　　日

# 合格のための問題集ベスト・セレクション

### ＊入試頻出分野ベスト３

**1st　常　識**

知識　聞く力　思考力

**2nd　記　憶**

集中力　聞く力

**3rd　図　形**

観察力　思考力

常識分野では、生活常識と理科を中心に幅広く出題されます。記憶・図形分野では、基本的な問題を、繰り返し練習してください。また、音楽や自由画など、当校独自の出題にも準備が必要です。

| 分野 | 書　名 | 価格(税抜) | 注文 | 分野 | 書　名 | 価格(税抜) | 注文 |
|---|---|---|---|---|---|---|---|
| 図形 | Ｊｒ・ウォッチャー２「座標」 | 1,500円 | 冊 | 観察 | Ｊｒ・ウォッチャー29「行動観察」 | 1,500円 | 冊 |
| 図形 | Ｊｒ・ウォッチャー３「パズル」 | 1,500円 | 冊 | 数量 | Ｊｒ・ウォッチャー37「選んで数える」 | 1,500円 | 冊 |
| 図形 | Ｊｒ・ウォッチャー９「合成」 | 1,500円 | 冊 | 図形 | Ｊｒ・ウォッチャー45「図形分割」 | 1,500円 | 冊 |
| 常識 | Ｊｒ・ウォッチャー11「いろいろな仲間」 | 1,500円 | 冊 | 図形 | Ｊｒ・ウォッチャー54「図形の構成」 | 1,500円 | 冊 |
| 常識 | Ｊｒ・ウォッチャー12「日常生活」 | 1,500円 | 冊 | 常識 | Ｊｒ・ウォッチャー55「理科②」 | 1,500円 | 冊 |
| 数量 | Ｊｒ・ウォッチャー14「数える」 | 1,500円 | 冊 | 常識 | Ｊｒ・ウォッチャー56「マナーとルール」 | 1,500円 | 冊 |
| 推理 | Ｊｒ・ウォッチャー15「比較」 | 1,500円 | 冊 | 推理 | Ｊｒ・ウォッチャー58「比較②」 | 1,500円 | 冊 |
| 図形 | Ｊｒ・ウォッチャー16「積み木」 | 1,500円 | 冊 | | お話の記憶問題集　初級編 | 2,600円 | 冊 |
| 言語 | Ｊｒ・ウォッチャー17「言葉の音遊び」 | 1,500円 | 冊 | | お話の記憶問題集　中級編 | 2,000円 | 冊 |
| 言語 | Ｊｒ・ウォッチャー18「いろいろな言葉」 | 1,500円 | 冊 | | １話５分の読み聞かせお話集①② | 1,800円 | 各　冊 |
| 記憶 | Ｊｒ・ウォッチャー20「見る記憶・聴く記憶」 | 1,500円 | 冊 | | 面接テスト問題集 | 2,000円 | 冊 |
| 巧緻性 | Ｊｒ・ウォッチャー22「想像画」 | 1,500円 | 冊 | | | | |
| 常識 | Ｊｒ・ウォッチャー27「理科」 | 1,500円 | 冊 | | | | |

| 合計 | 冊 | 円 |
|---|---|---|

| | |
|---|---|
| （フリガナ）<br>氏　名 | 電　話<br>ＦＡＸ<br>E-mail |
| 住　所　〒　　　　－ | 以前にご注文されたことはございますか。<br>有　・　無 |

★お近くの書店、または記載の電話・FAX・ホームページにてご注文をお受けしております。
電話：03-5261-8951　FAX：03-5261-8953　代金は書籍合計金額＋送料がかかります。
※なお、落丁・乱丁以外の理由による商品の返品・交換には応じかねます。
★ご記入頂いた個人に関する情報は、当社にて厳重に管理致します。なお、ご購入の商品発送の他に、当社発行の書籍案内、書籍に関する調査に使用させて頂く場合がございますので、予めご了承ください。

日本学習図書株式会社
http://www.nichigaku.jp

# 問題1

①

②

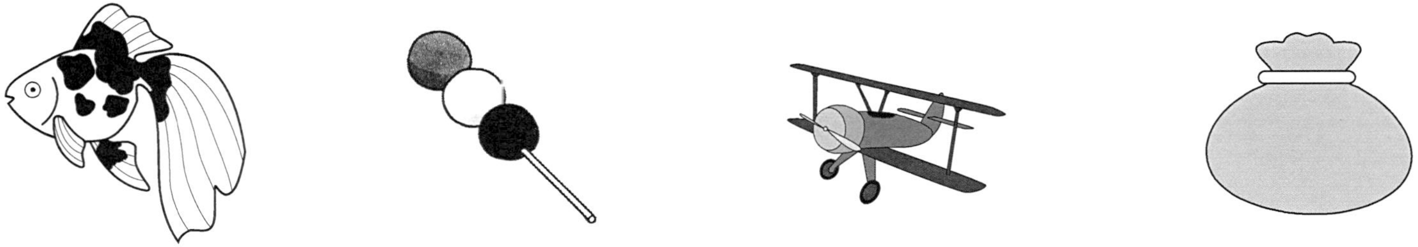

③

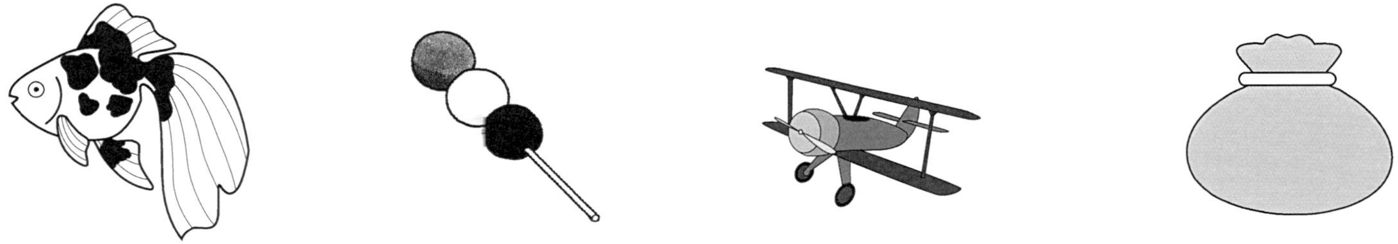

④

# 問題2

①

②

日本学習図書株式会社

見本例

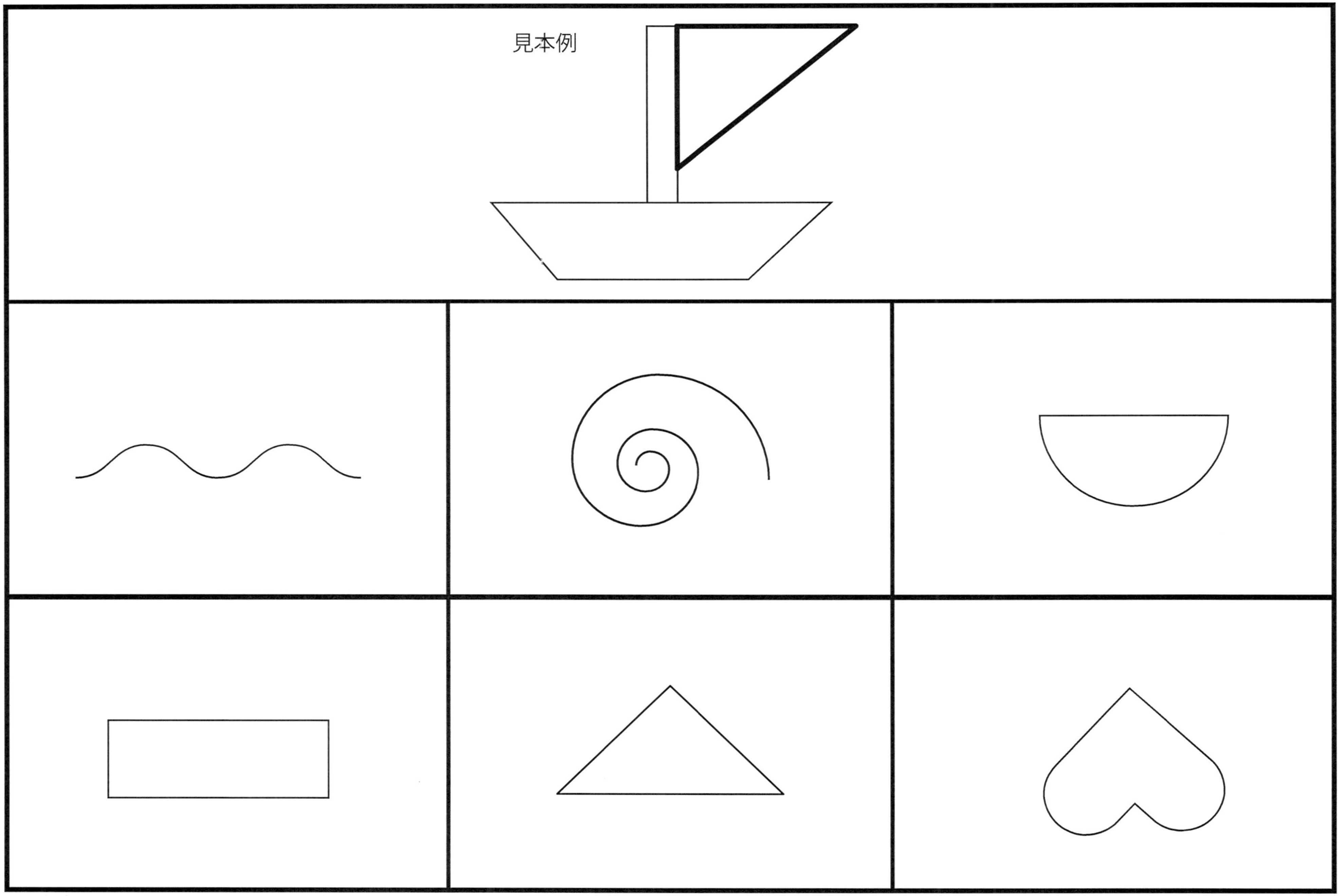

# 問題４－１

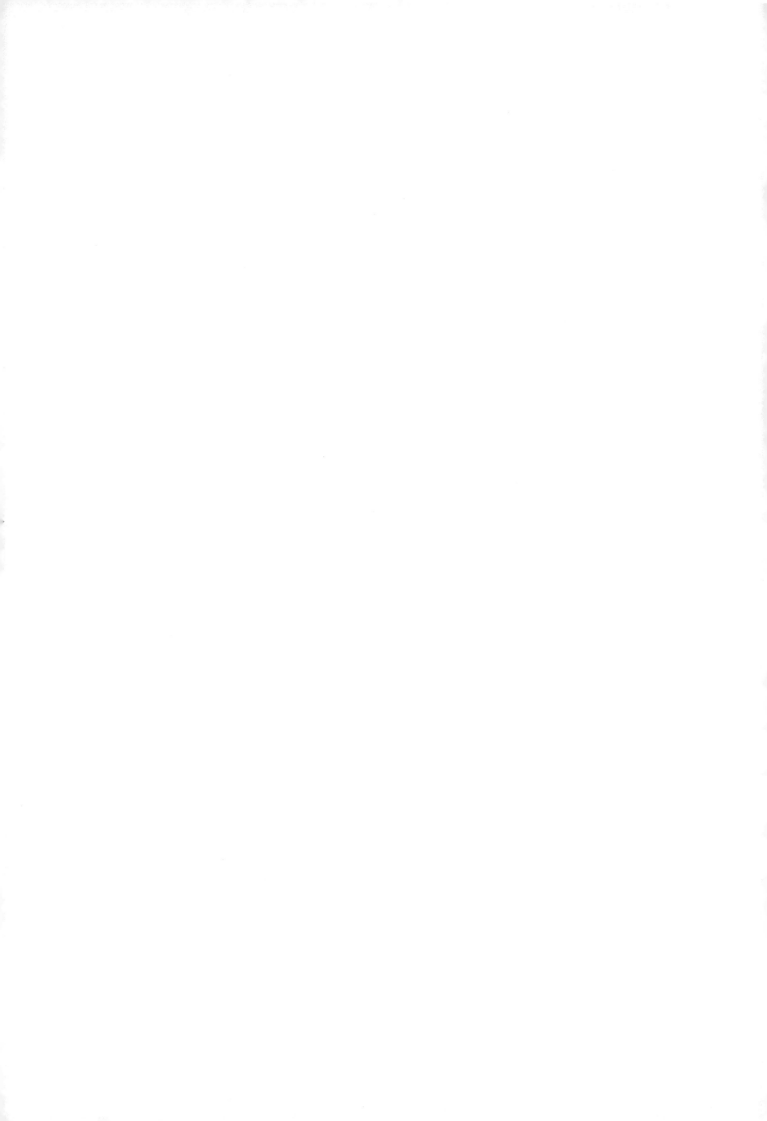

# 問題４－２

②

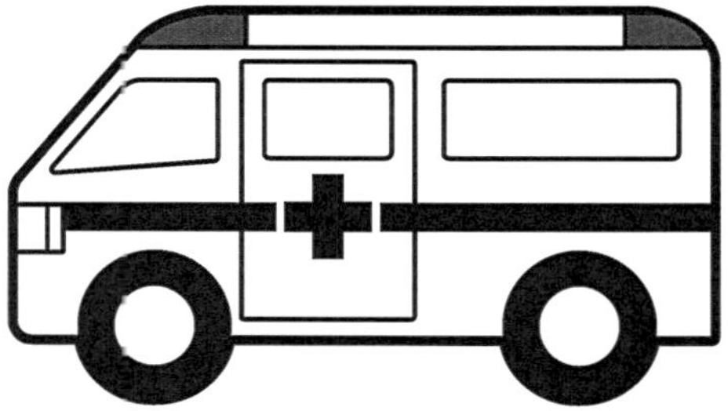

# 問題４－３

③

# 問題5－1

①

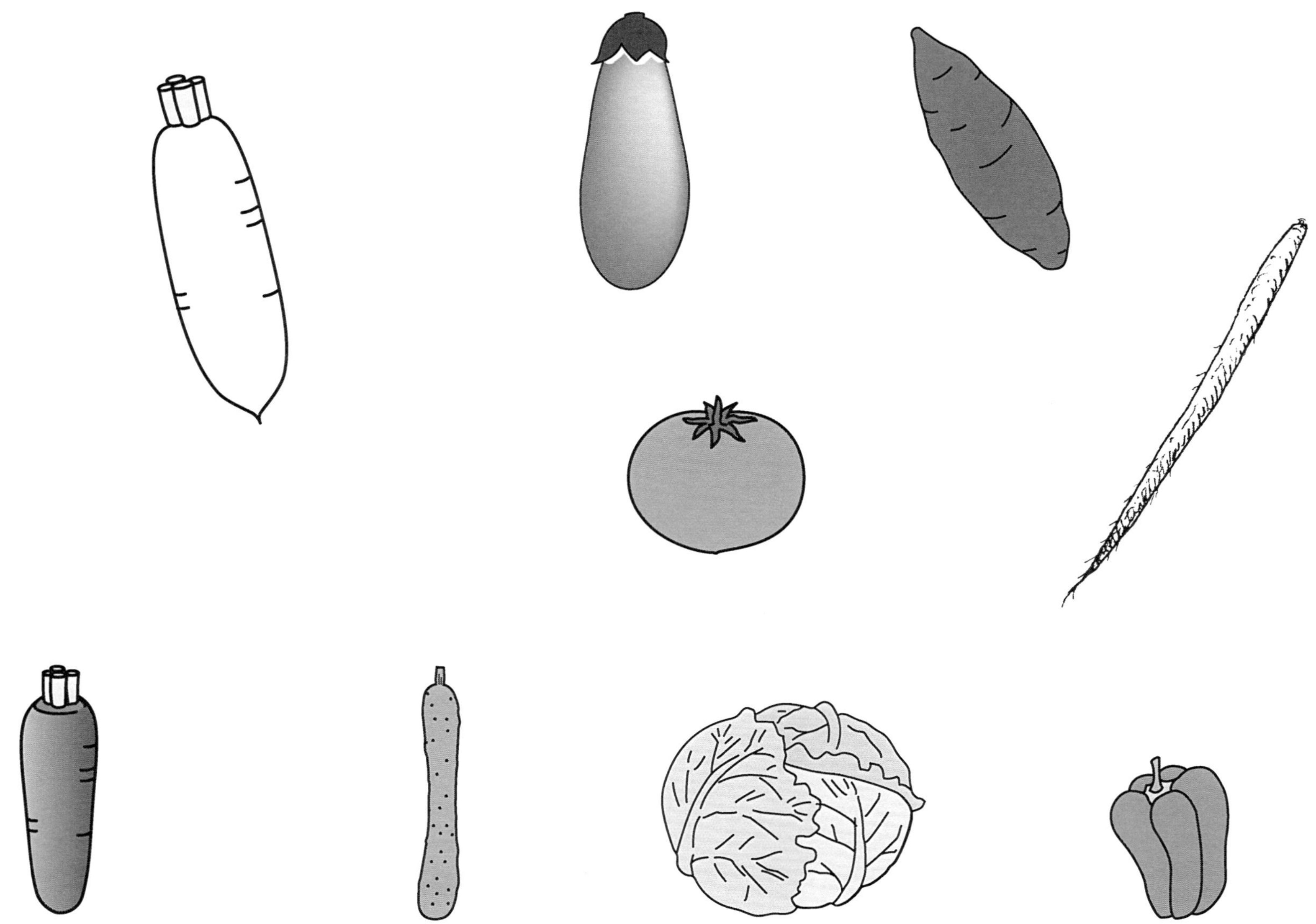

# 問題5－2

②

問題 5 ー 3

③

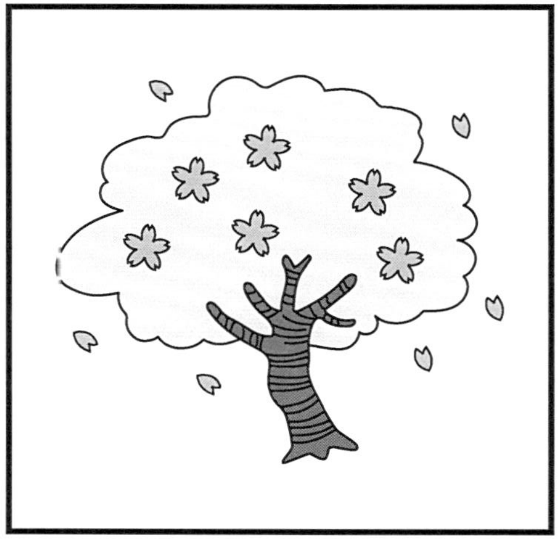

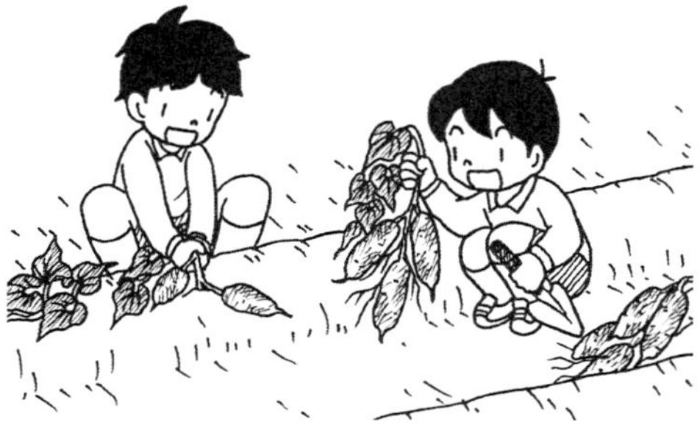

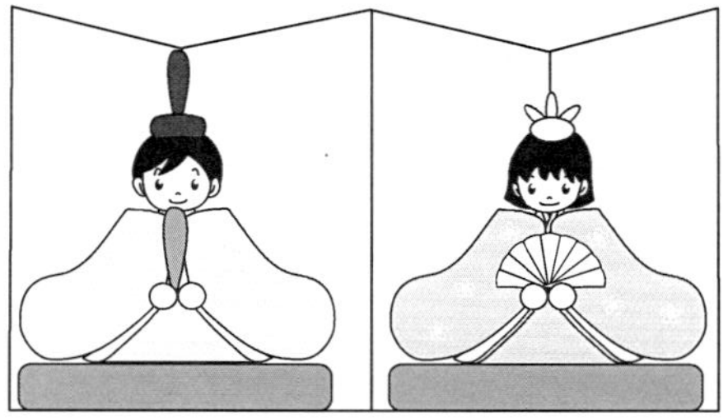

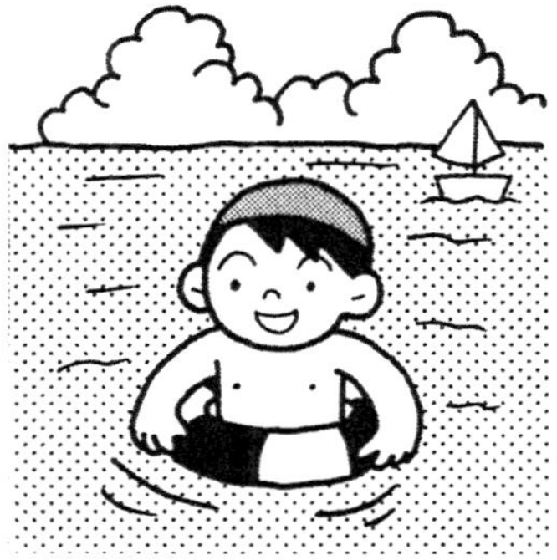

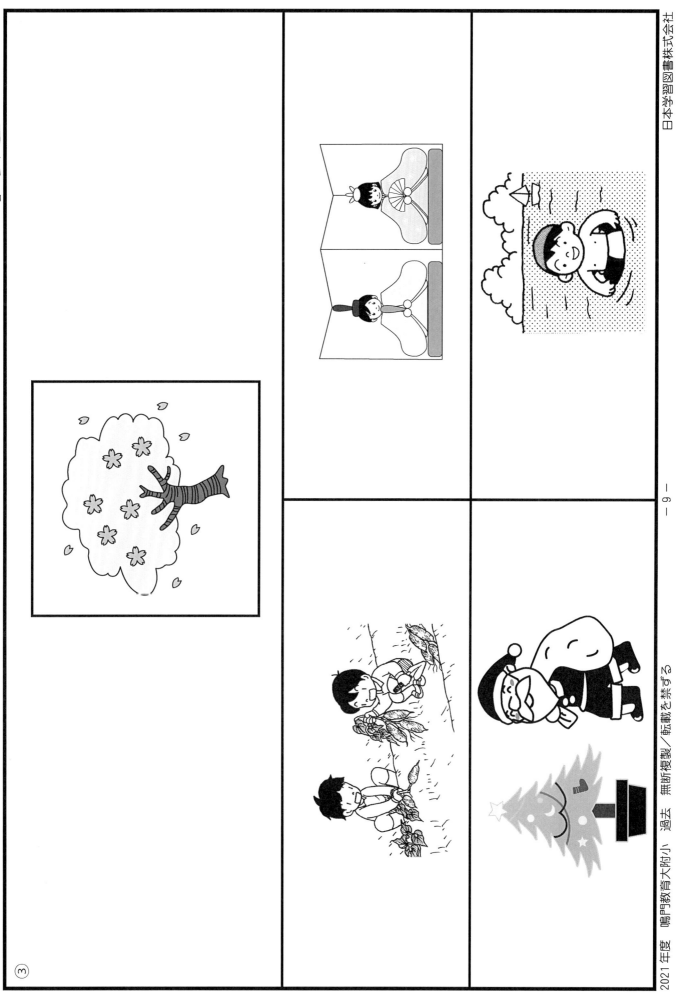

# 問題6－1

①

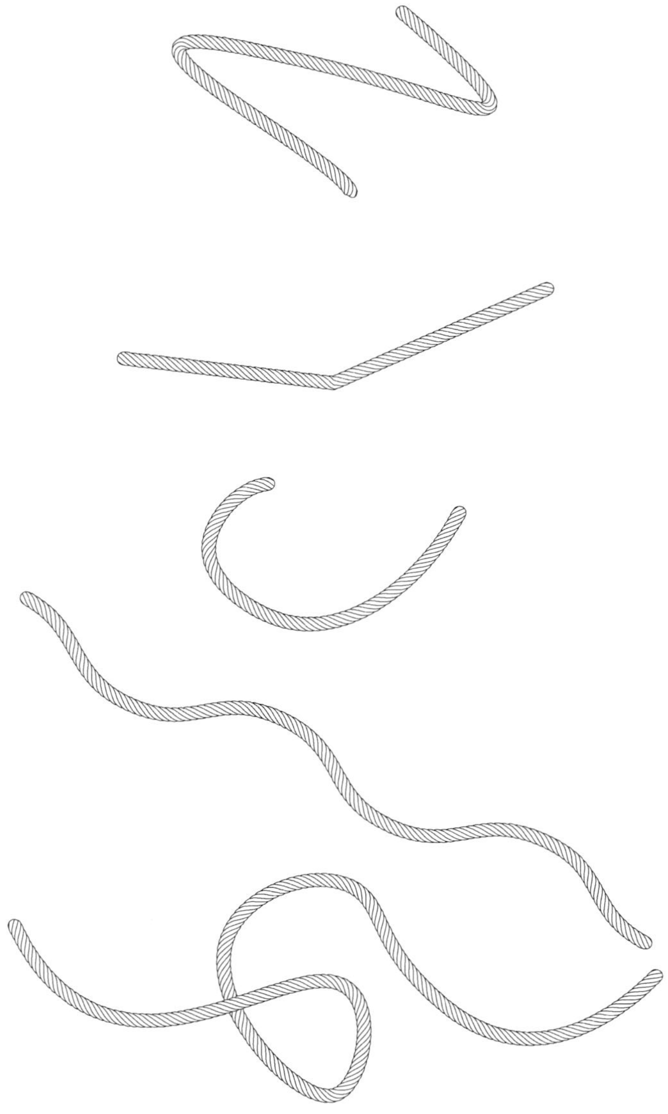

②

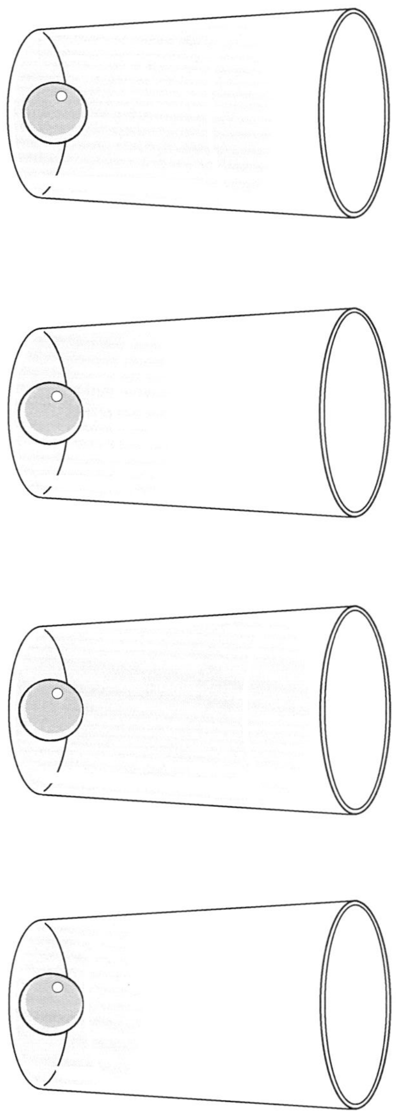

 

# 問題6－2

# 問題7

①

②

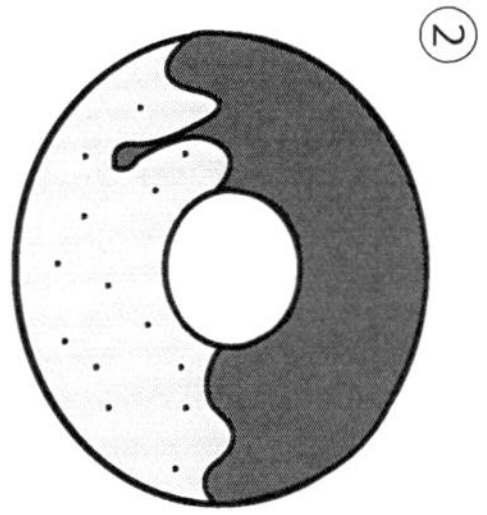

2021年度 鳴門教育大附小 過去 無断複製／転載を禁ずる　日本学習図書株式会社

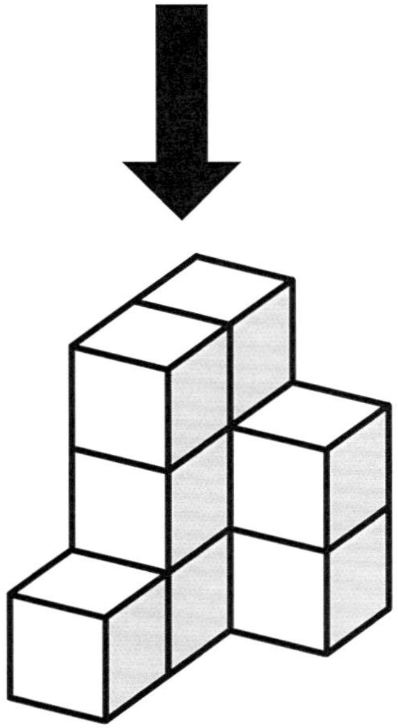

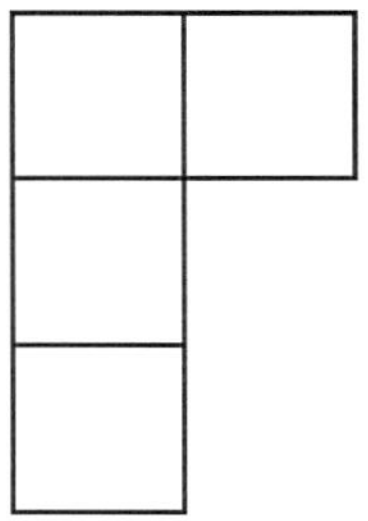

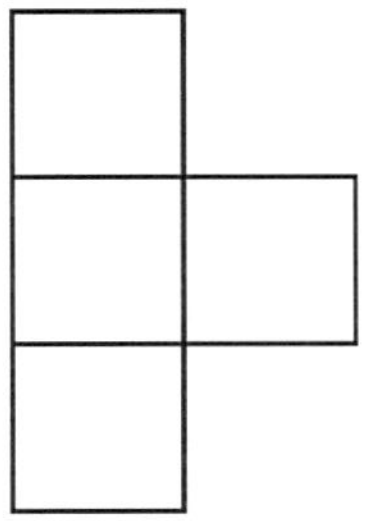

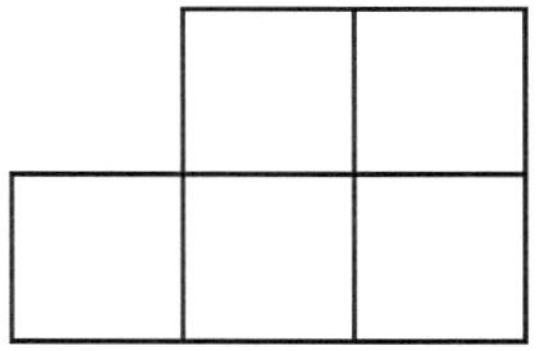

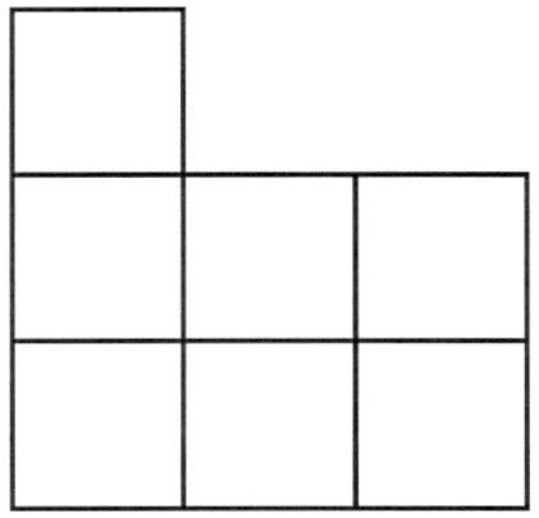

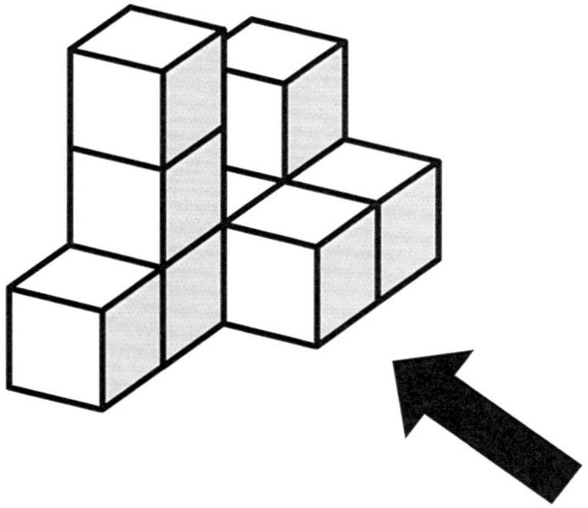

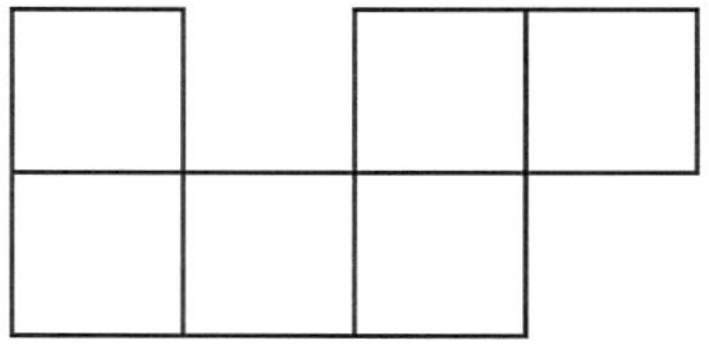

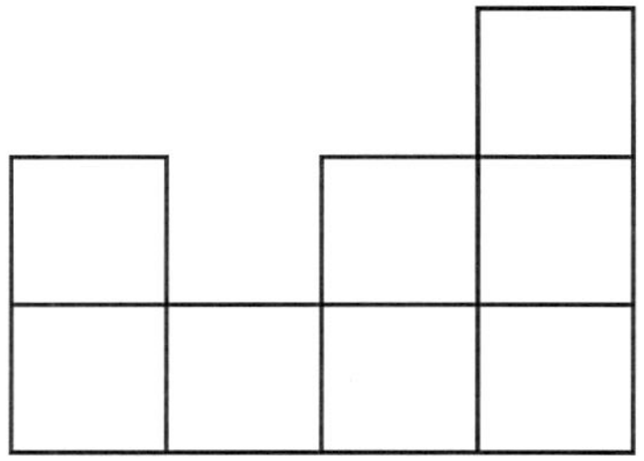

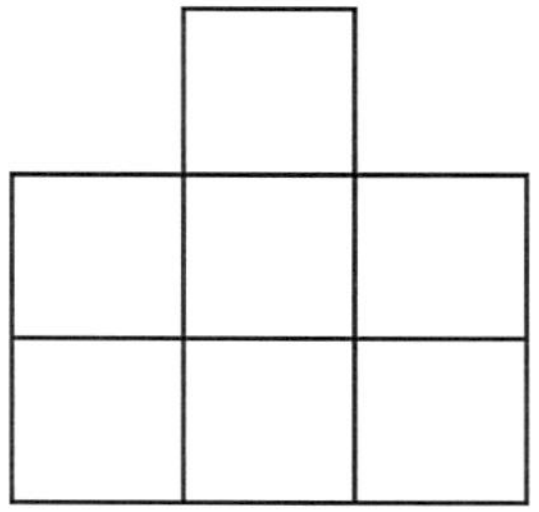

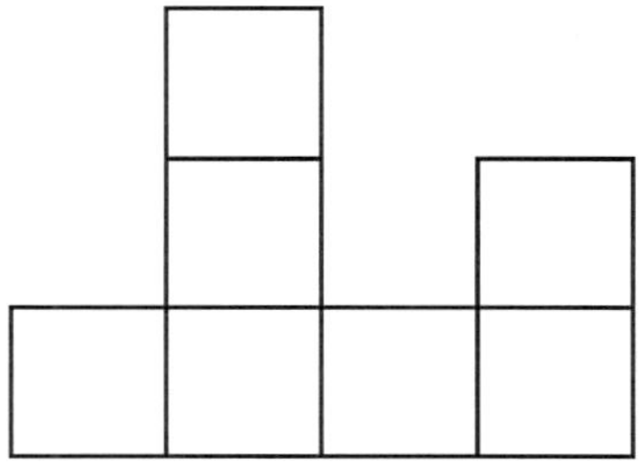

# 問題9

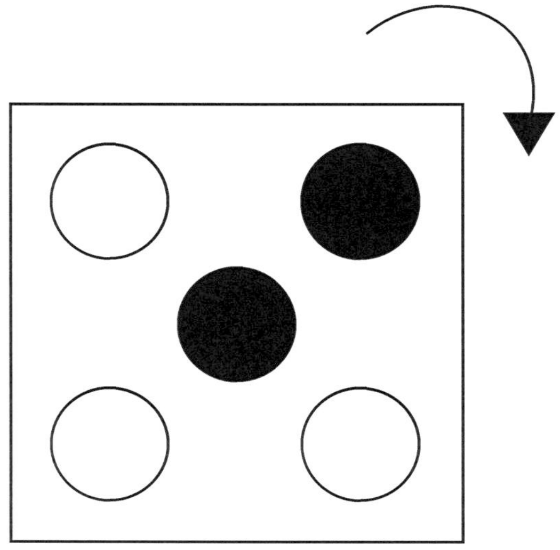

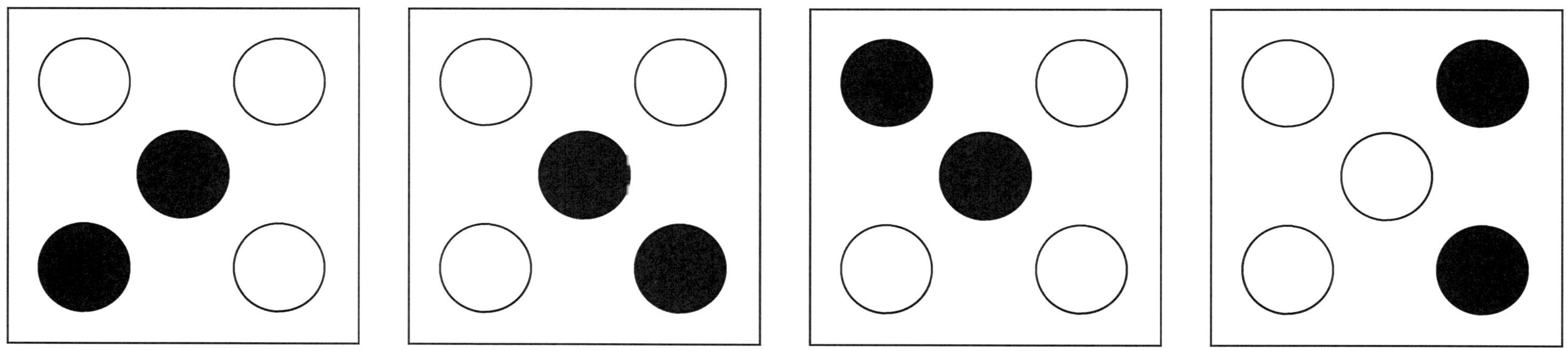

問題１０

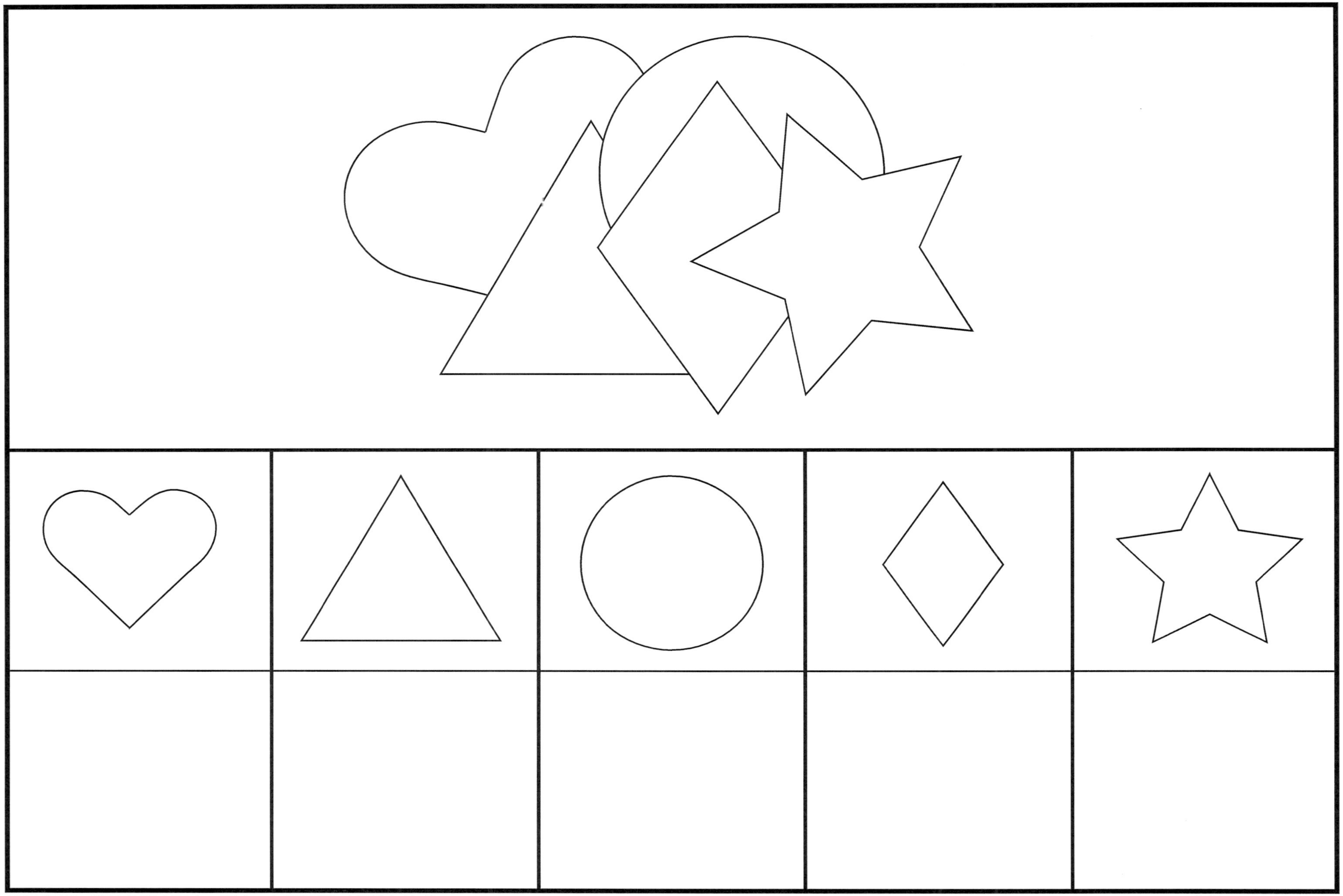

# 問題１１

# 問題１３

①

②

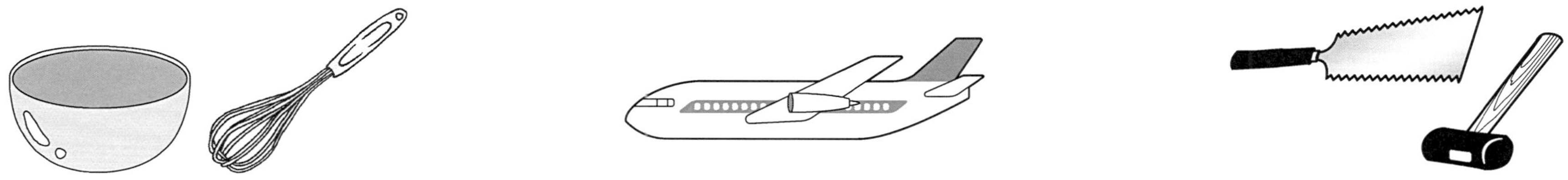

③

問題１４

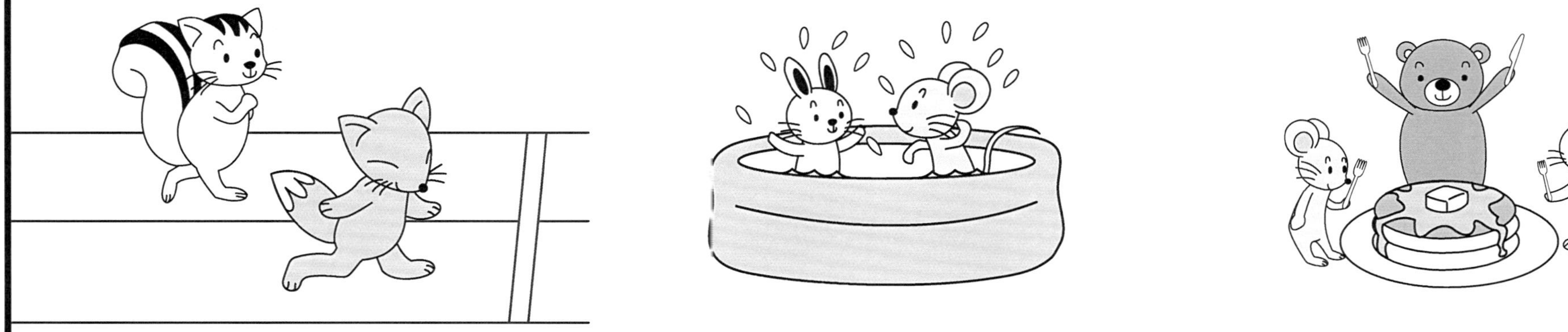

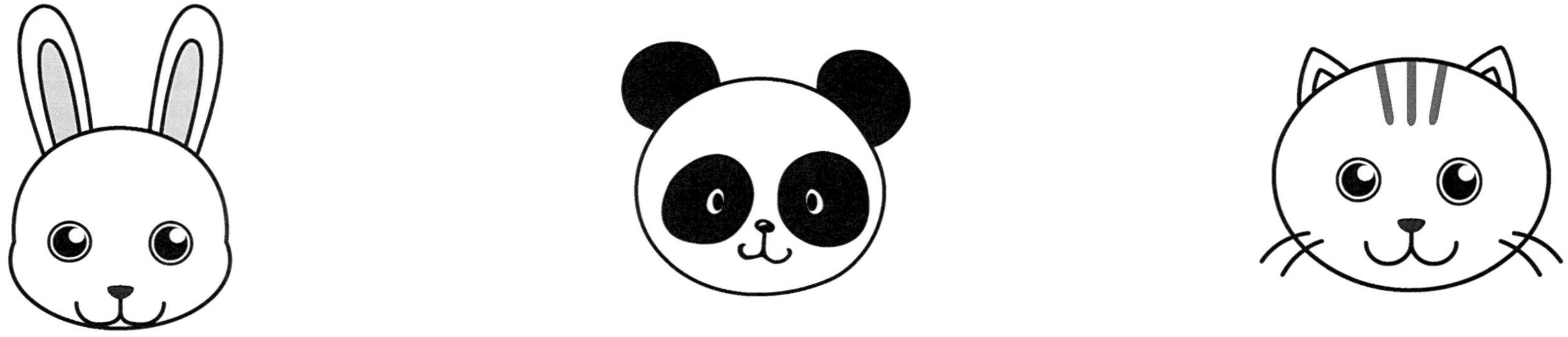

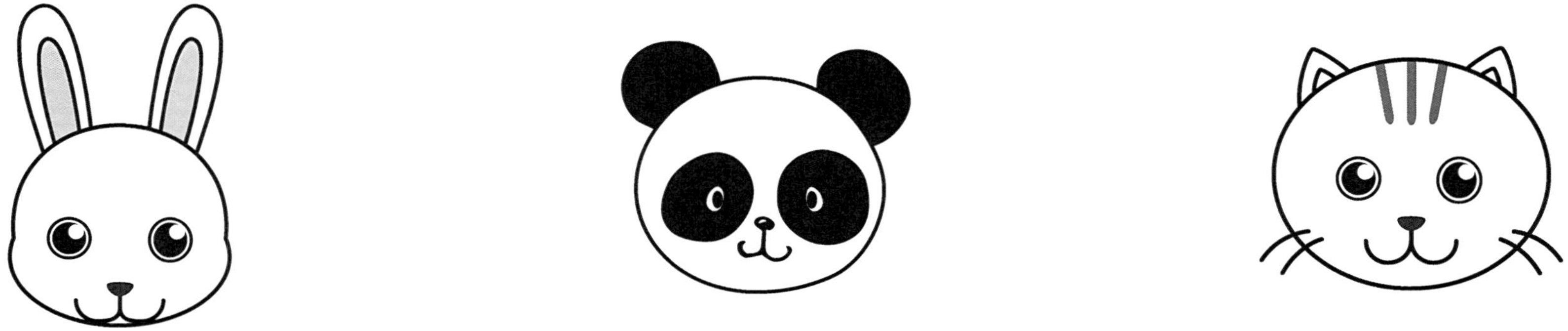

# 問題１６－１

①

②

# 問題１６－２

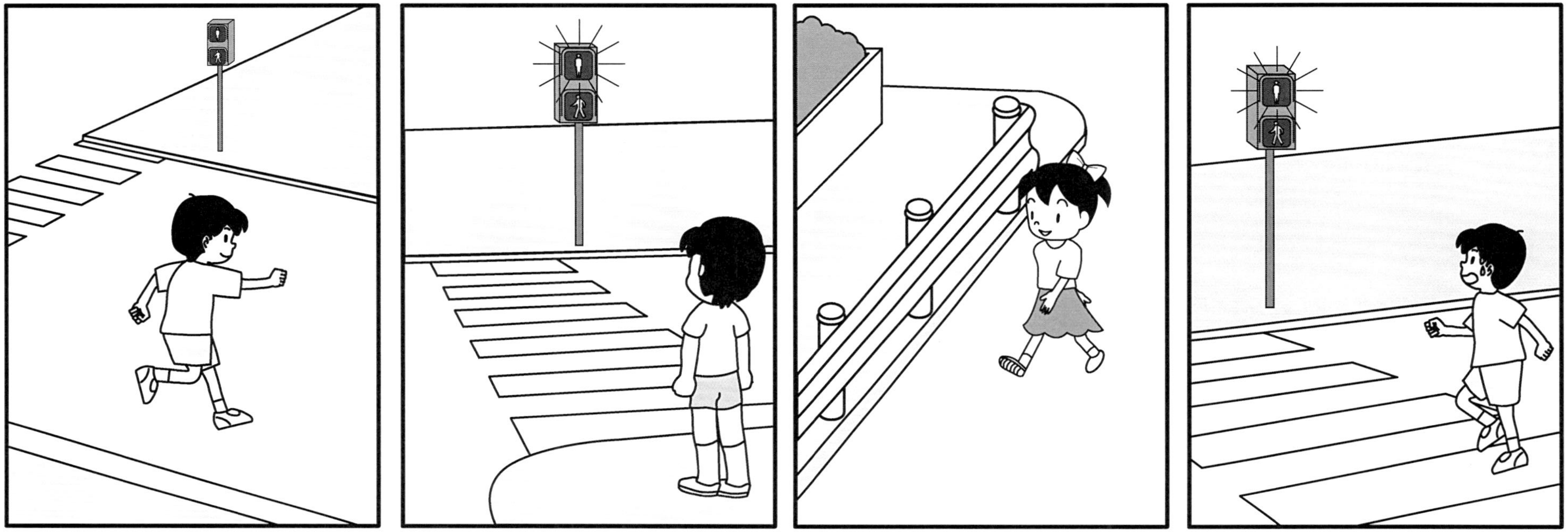

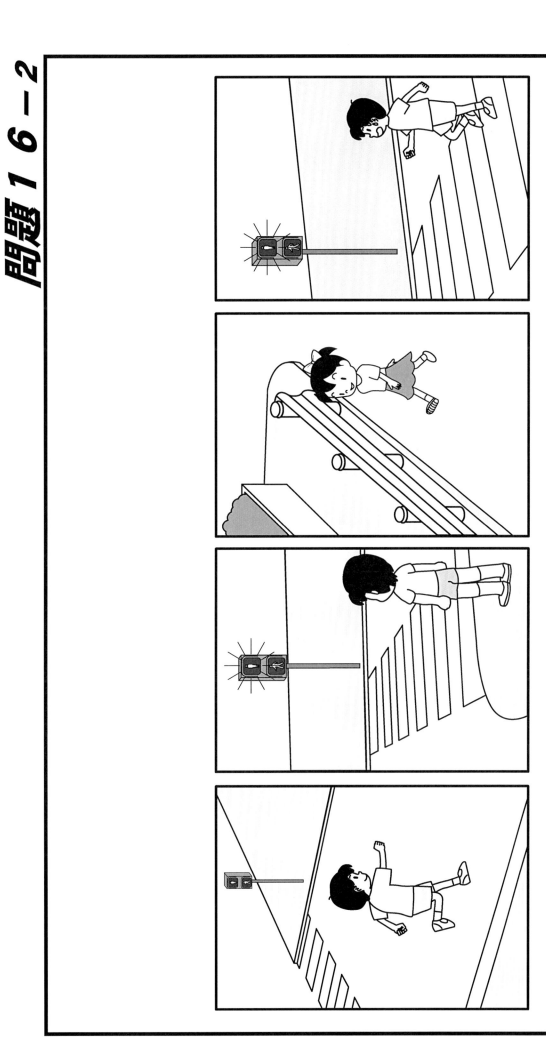

2021年度　鳴門教育大附小　過去　無断複製／転載を禁ずる　日本学習図書株式会社

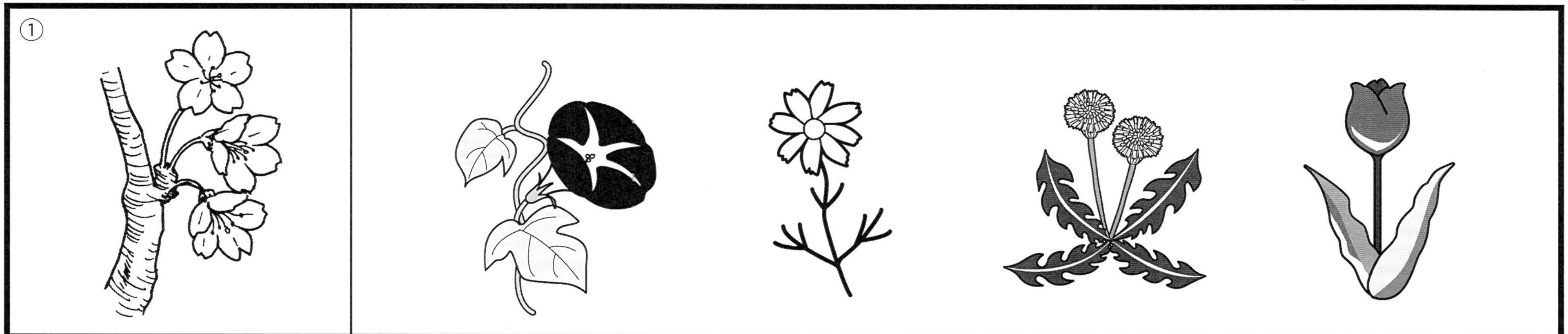

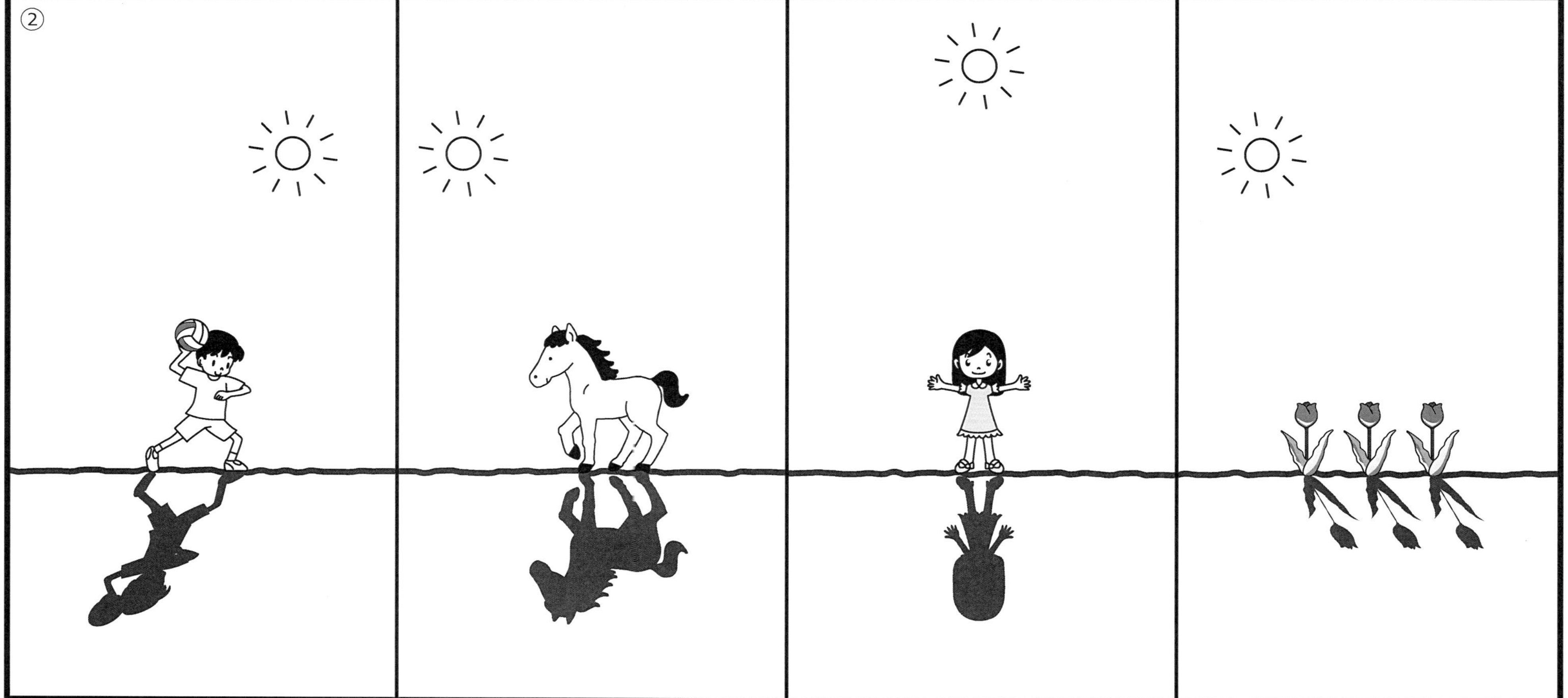

# 問題１８－１

①

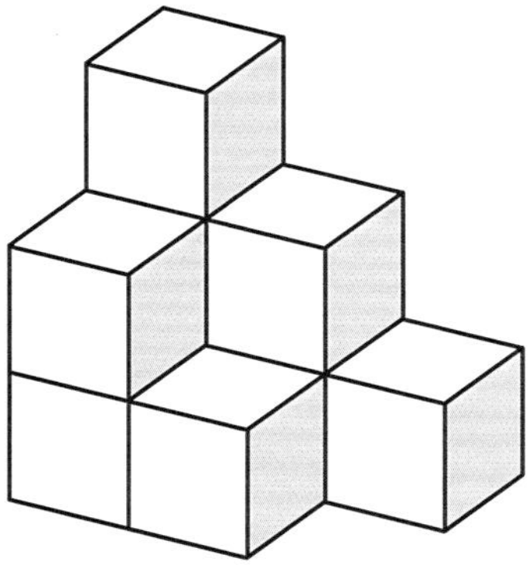

②

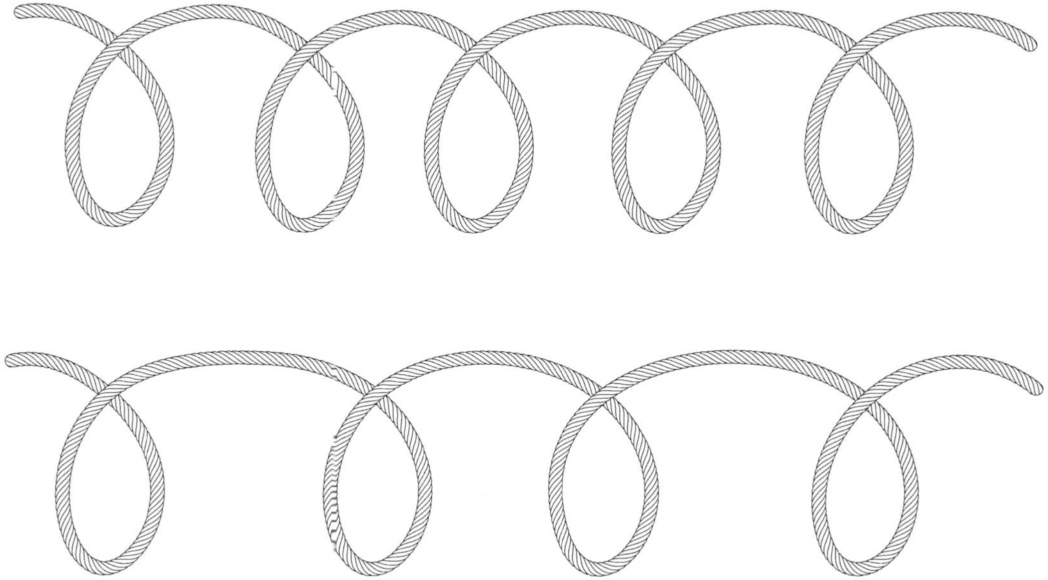

# 問題１８－２

③

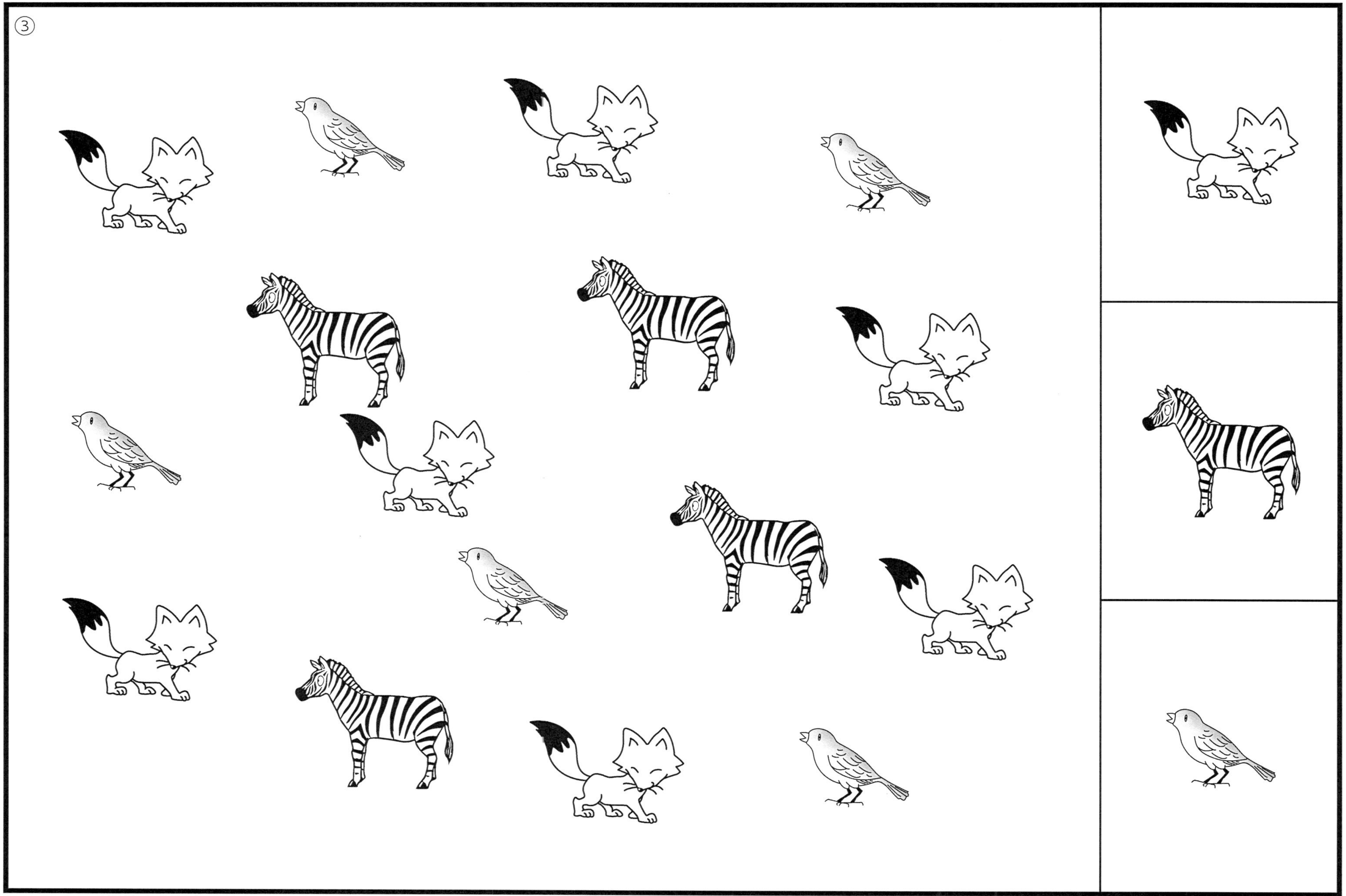

2021年度　鳴門教育大附小　過去　無断複製／転載を禁ずる　日本学習図書株式会社

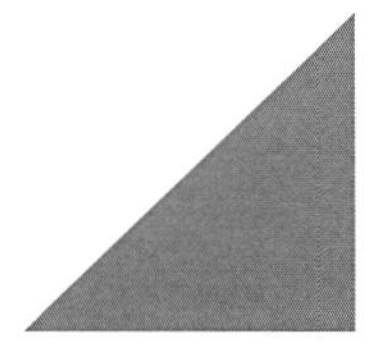

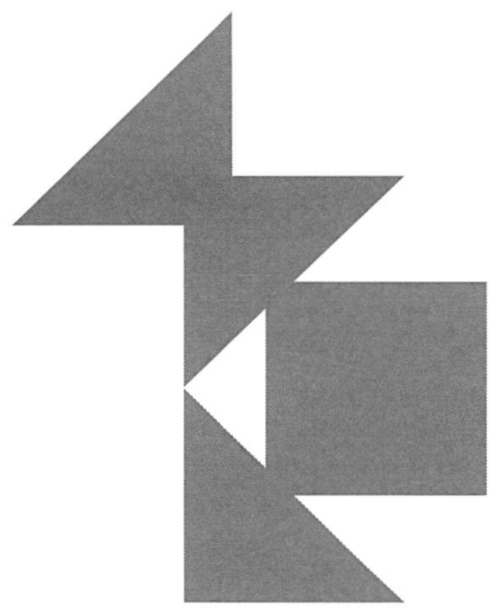

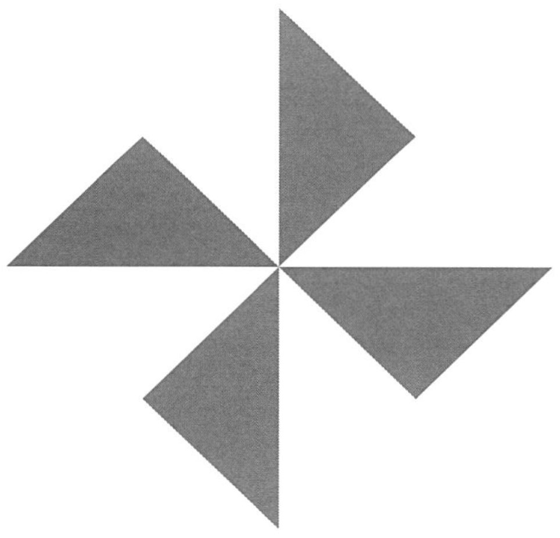

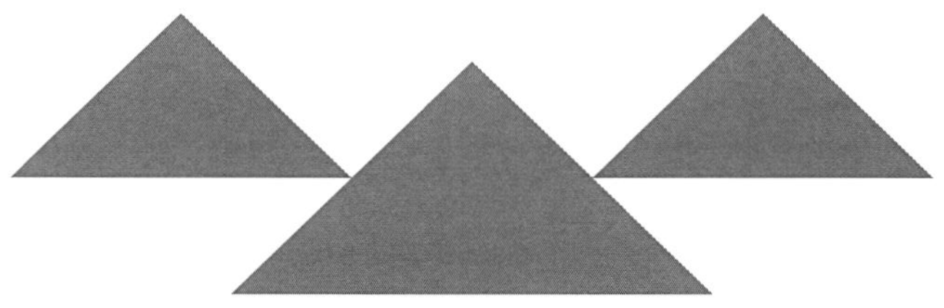

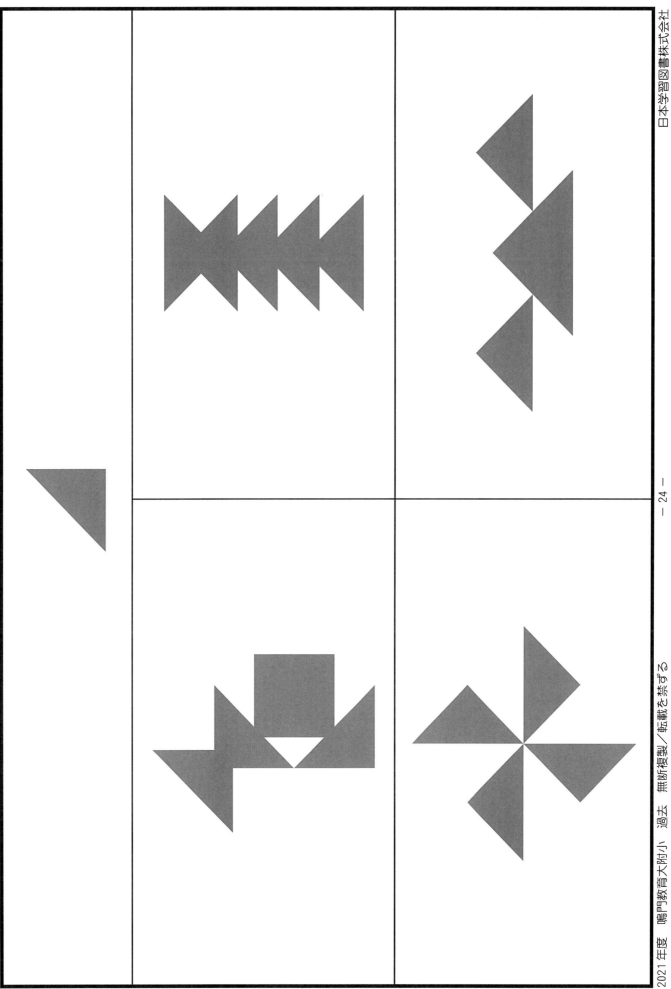

2021年度　鳴門教育大附小　過去　無断複製／転載を禁ずる　　日本学習図書株式会社

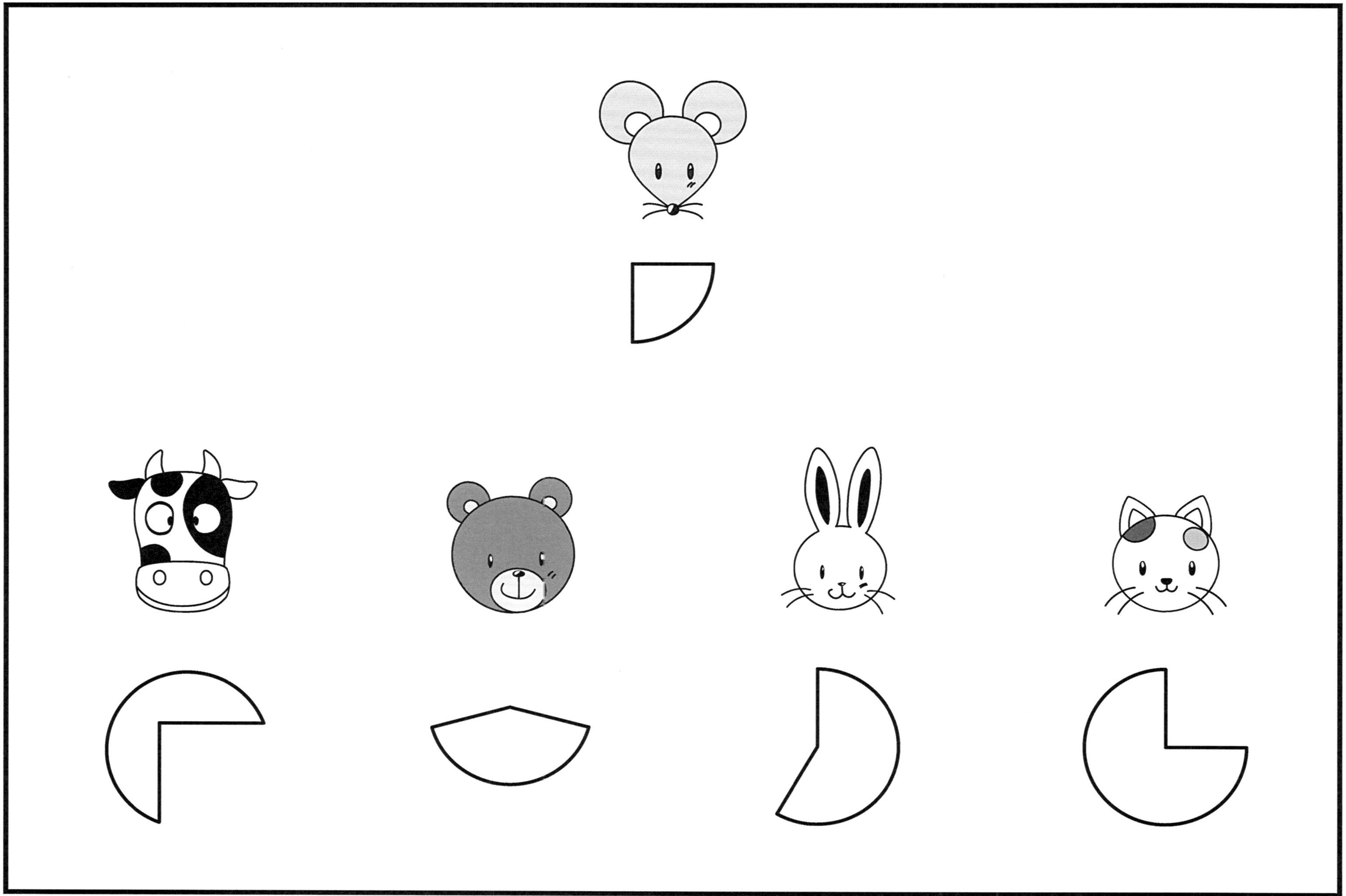

# 問題２０

# 問題21

①

②

③

④

# 問題２２

①

②

③

問題２３

問題２３

①

②

2021年度　鳴門教育大附小　過去　無断複製／転載を禁ずる

－ 29 －

日本学習図書株式会社

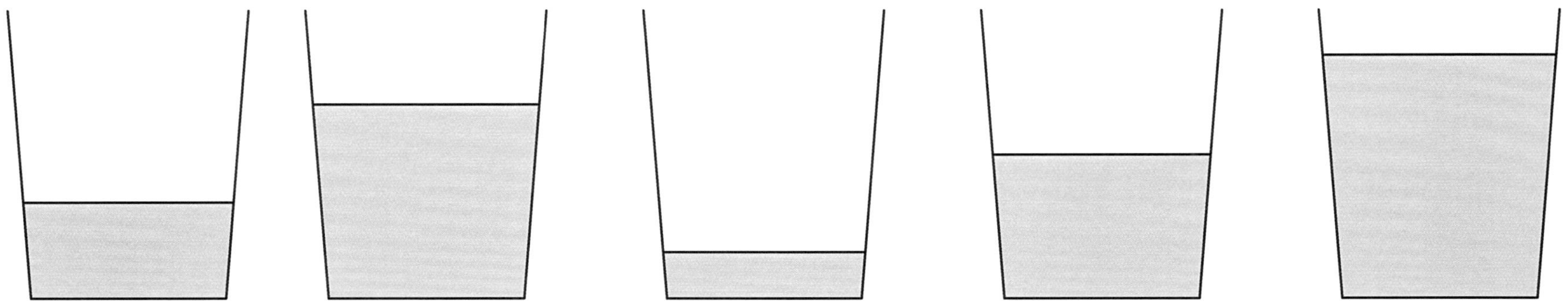

# 問題２４

2021年度　鳴門教育大附小　過去　無断複製／転載を禁ずる　　日本学習図書株式会社

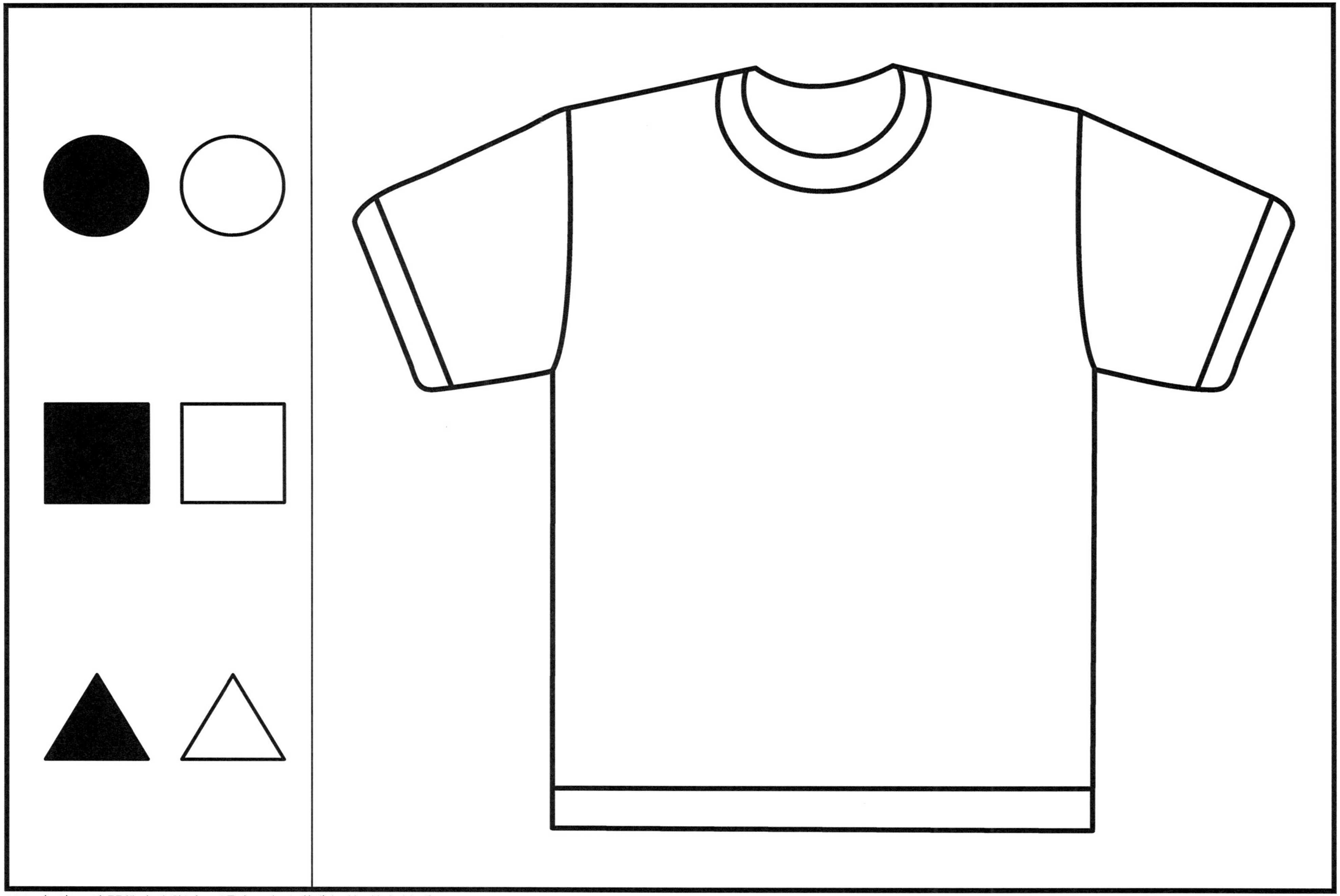

# 問題２７

①

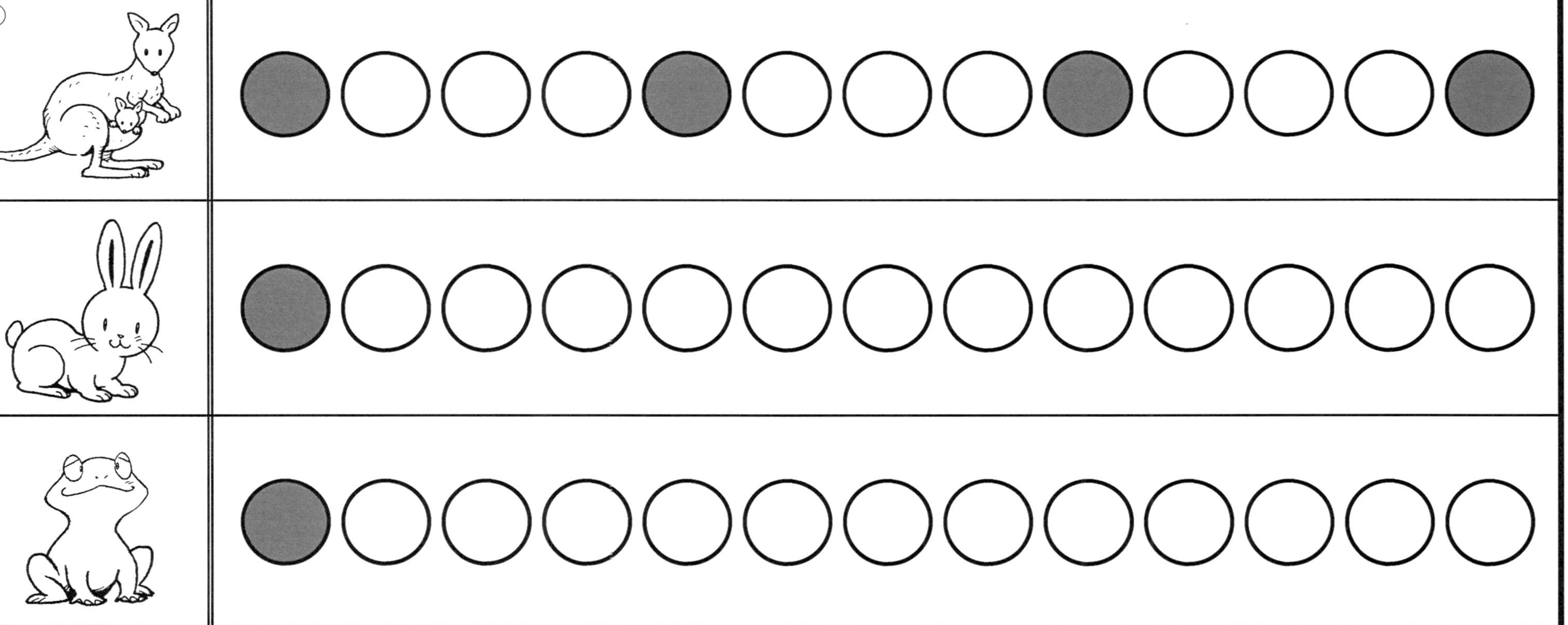

②

# 問題28－1

①

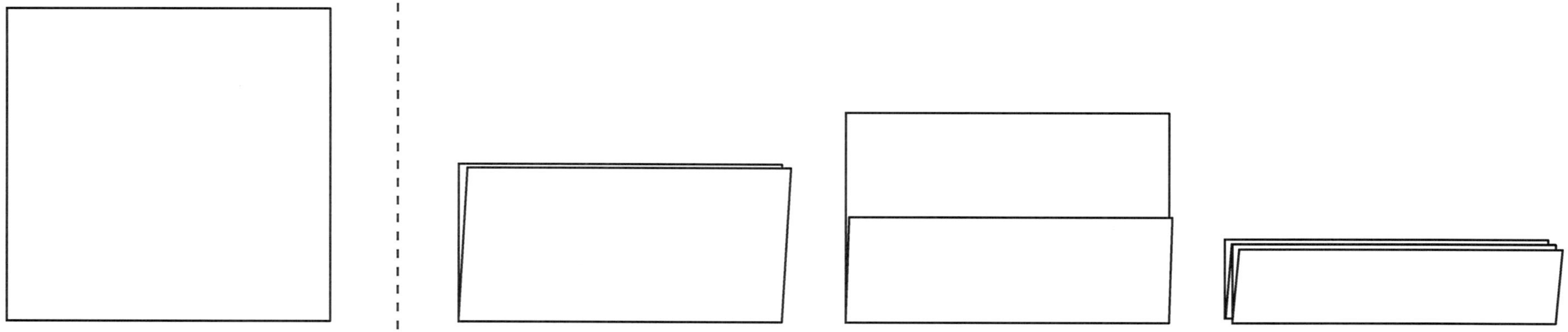

②

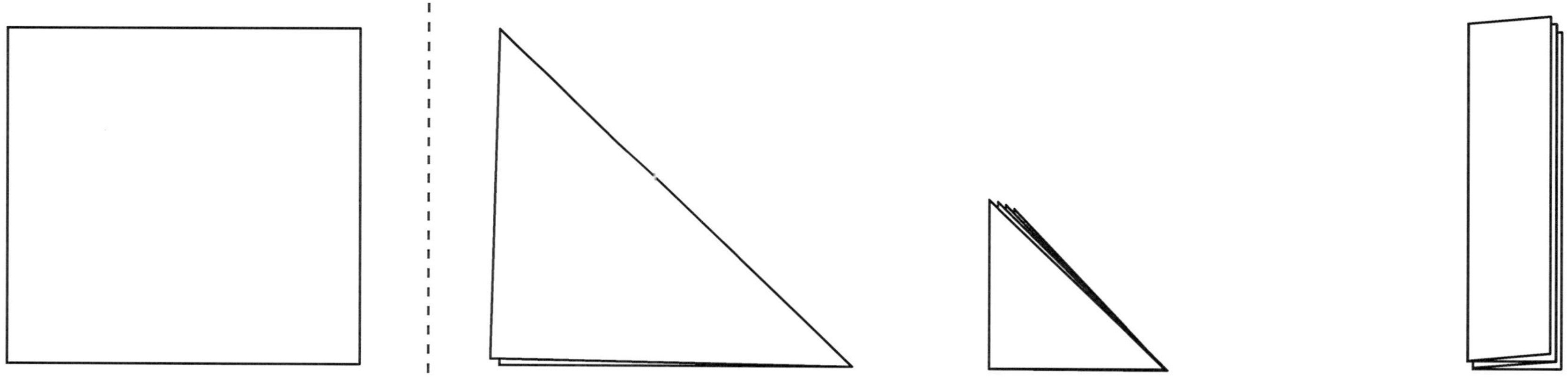

　

# 問題２８－２

③

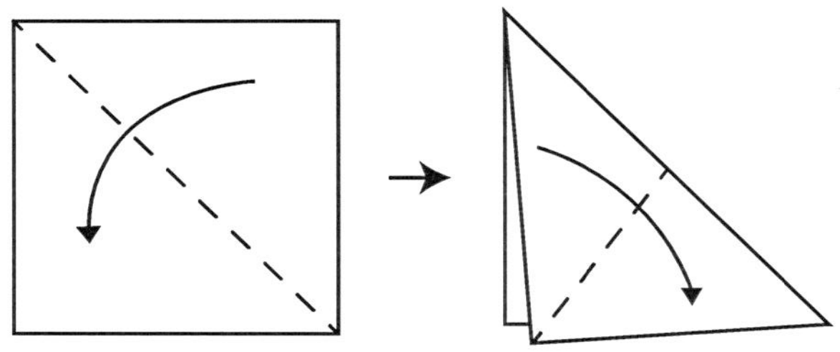

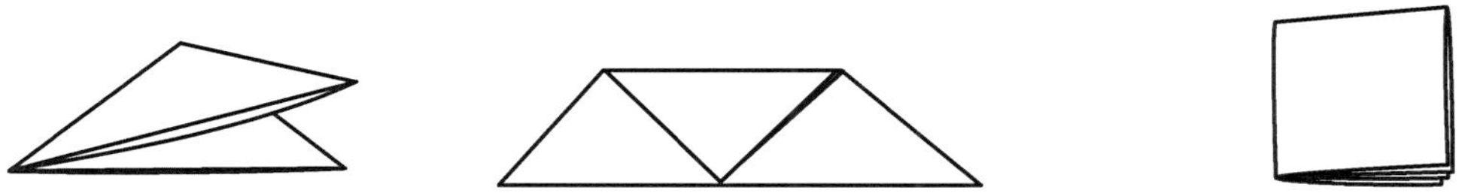

④

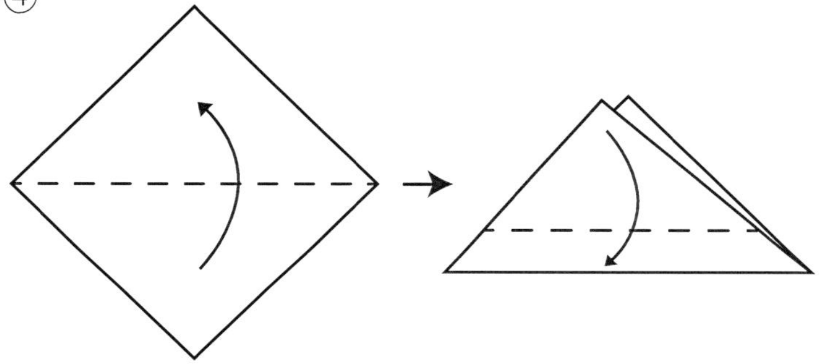

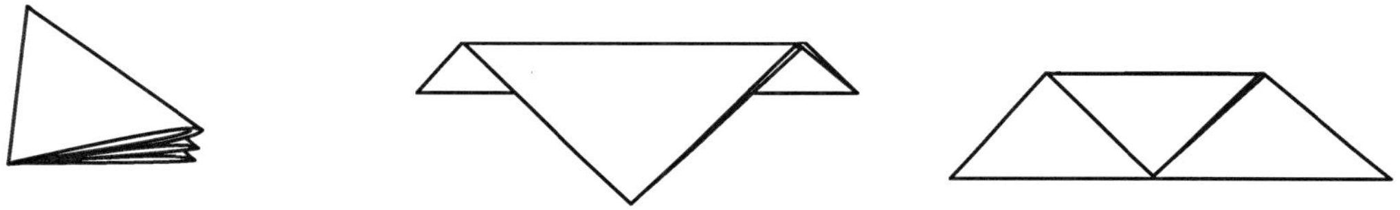

⑤

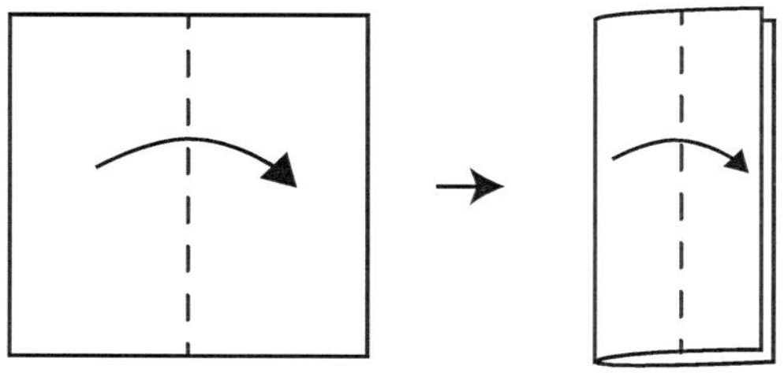

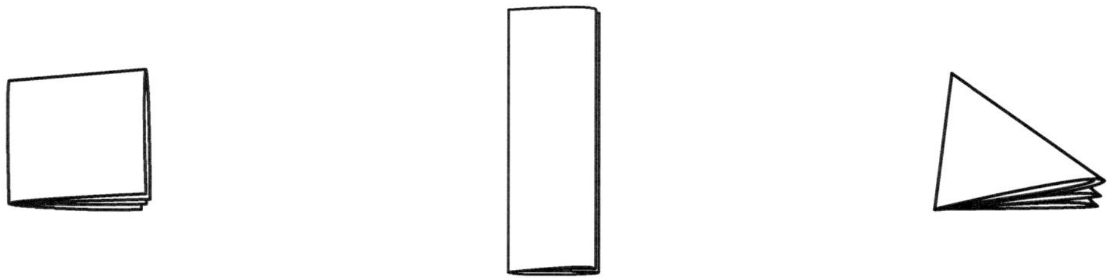

# 問題２９

# 問題30−1

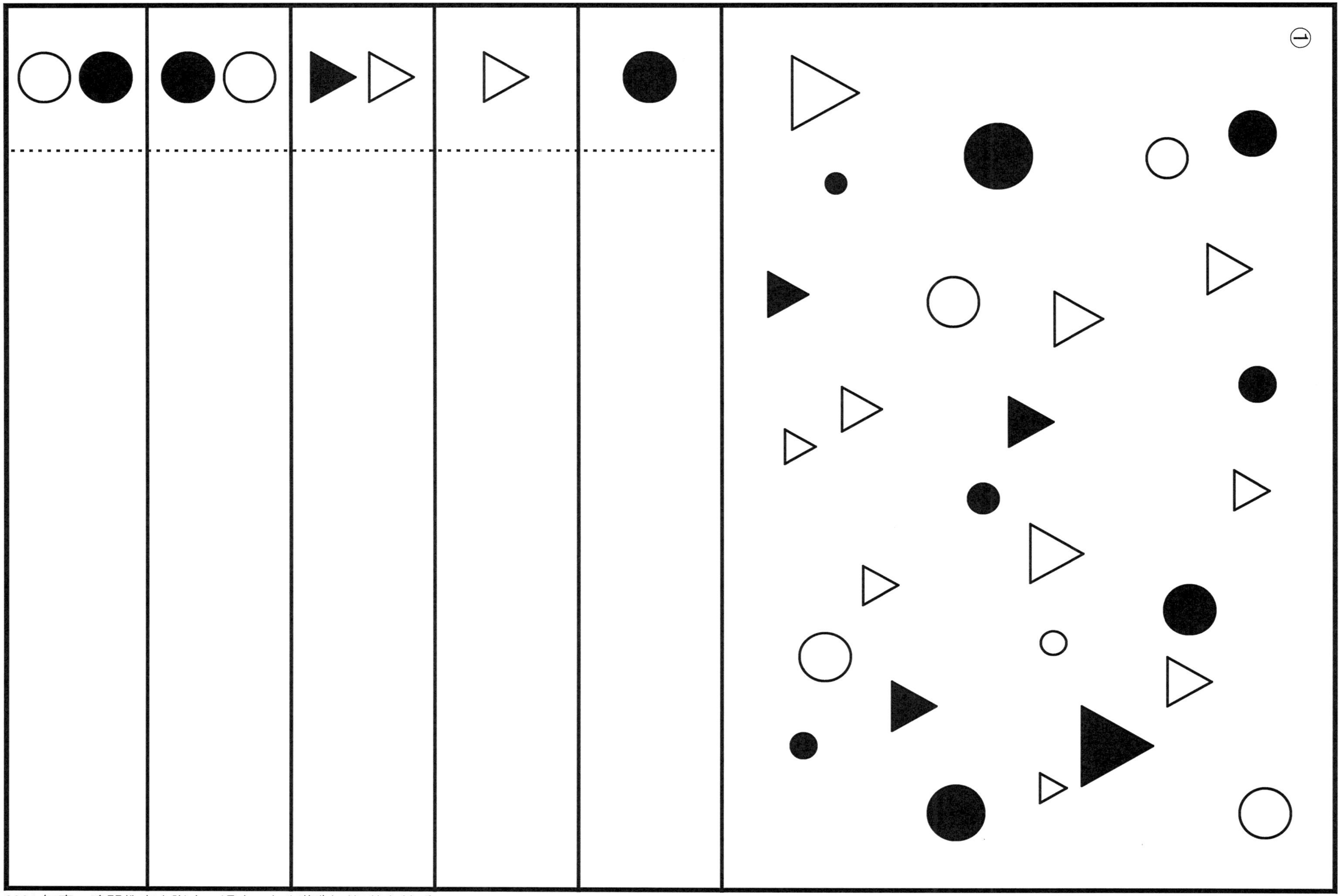

②

③

日本学習図書株式会社

2021年度　鳴門教育大附小　過去

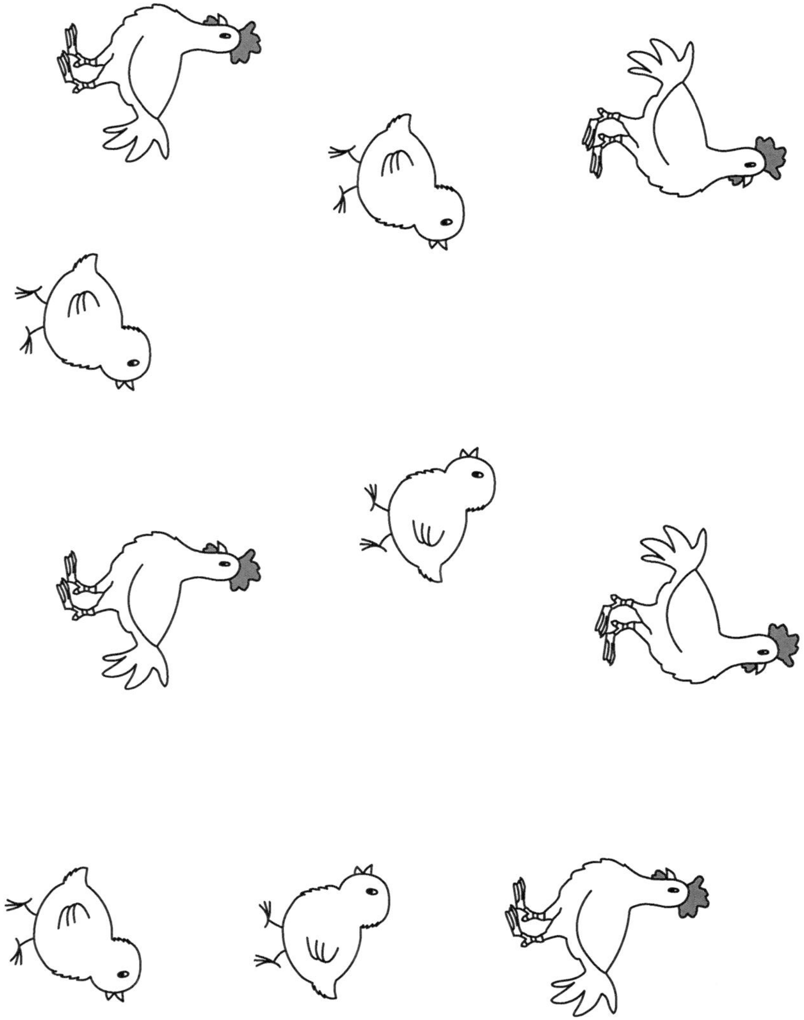

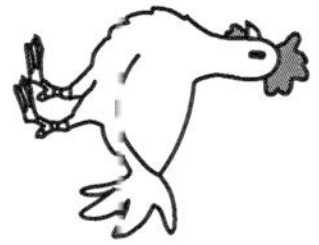

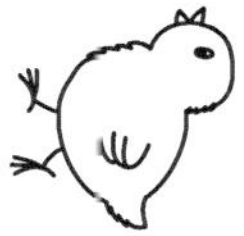

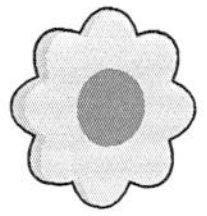

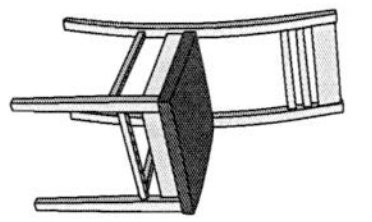

# 問題31－2

# 問題３１－３

# 問題３２－１

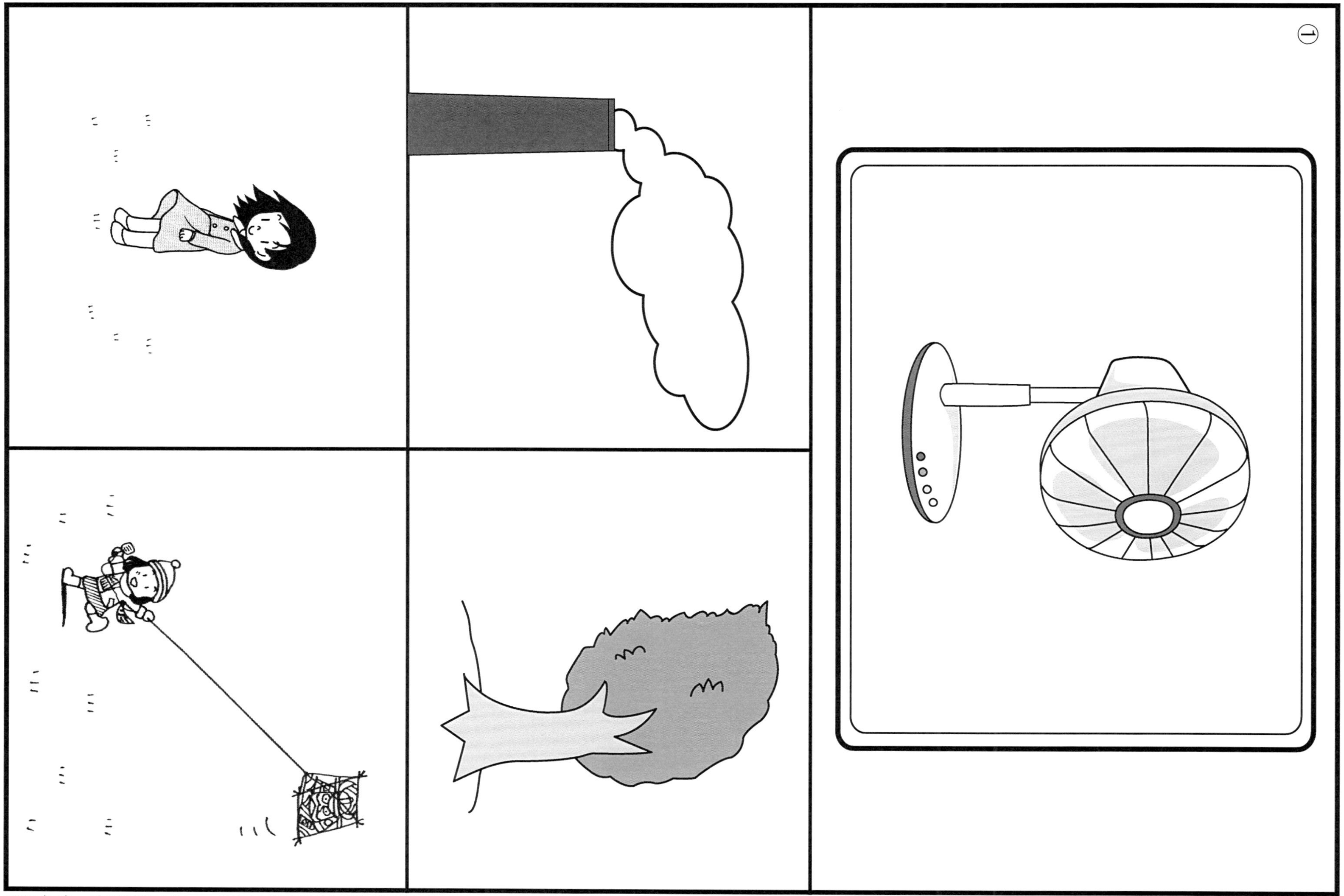

# 問題32－2

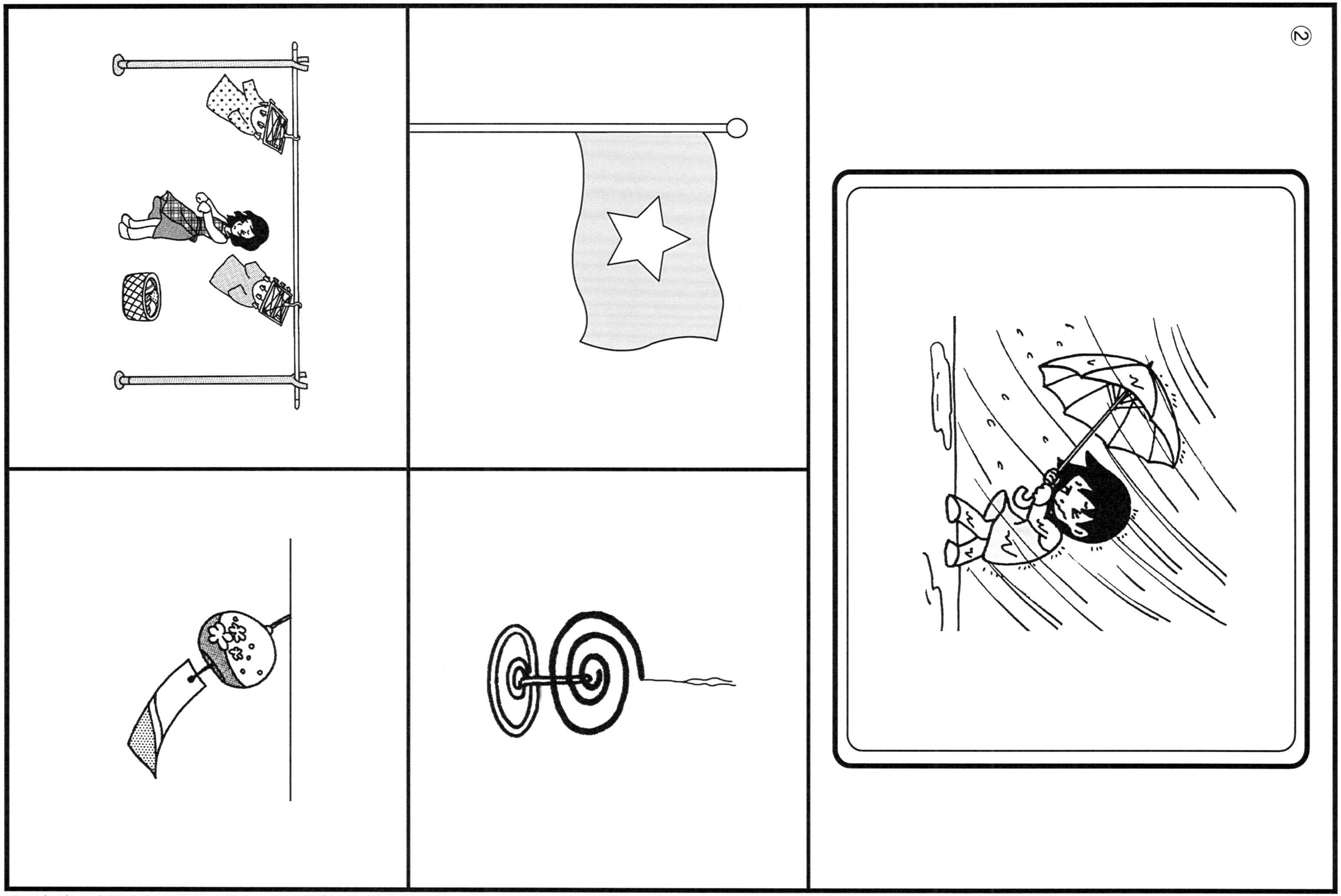

2021 年度　鳴門教育大附小　過去　無断複製／転載を禁ずる　日本学習図書株式会社

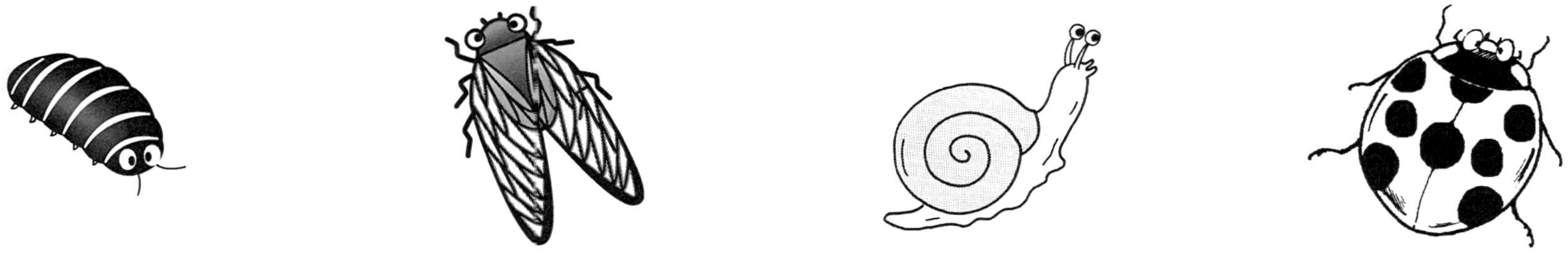

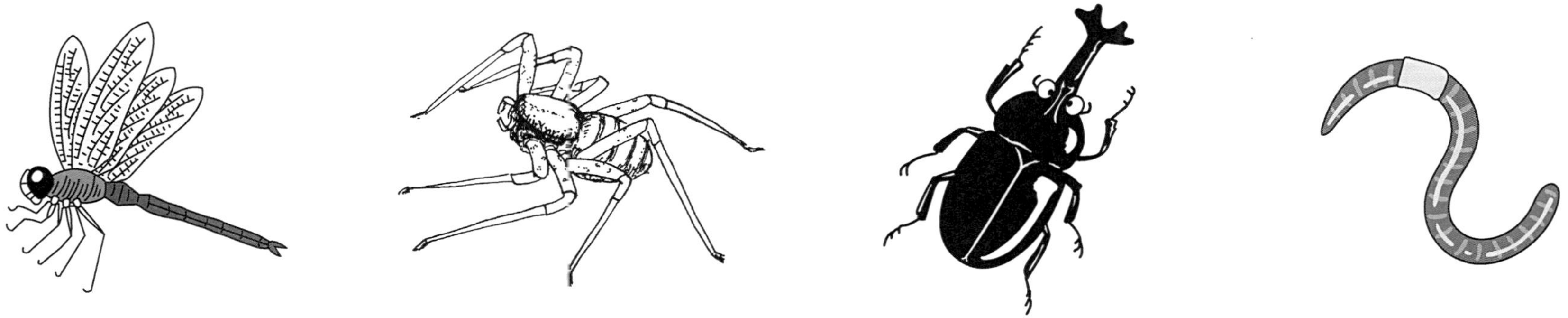

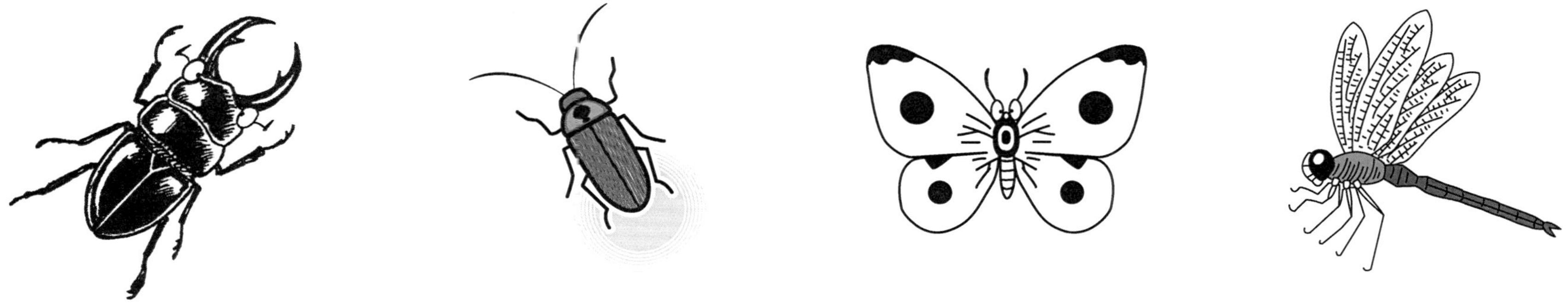

# 問題３４－１

①

# 問題３４－２

②

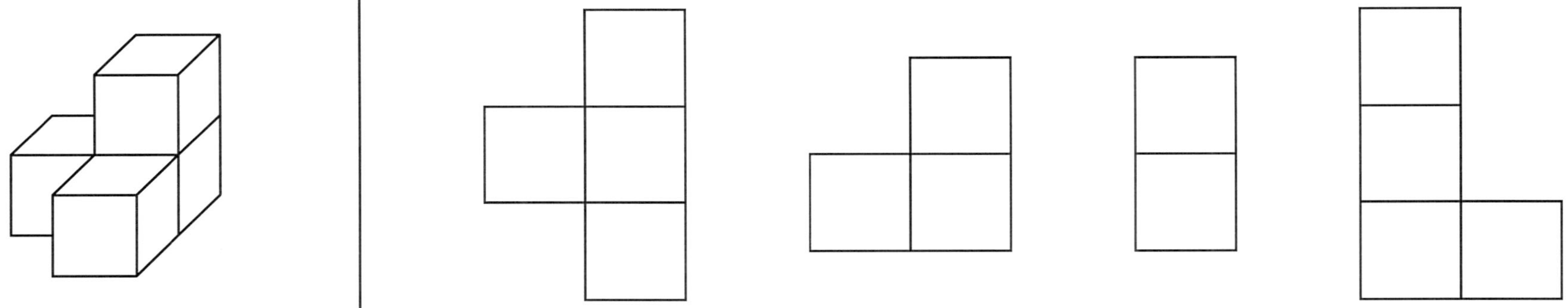

③

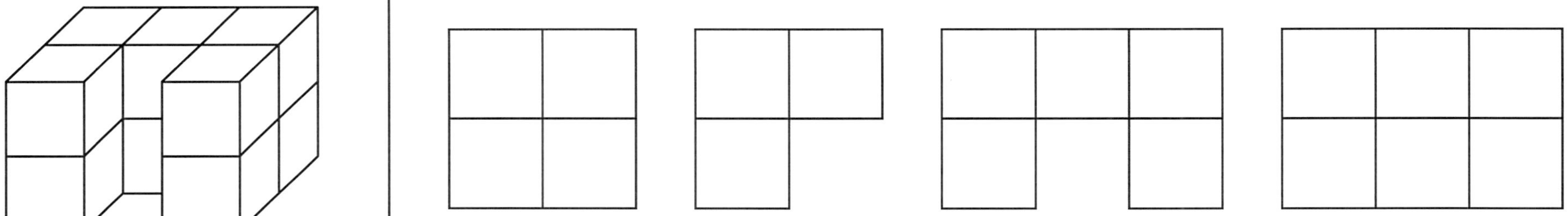

④

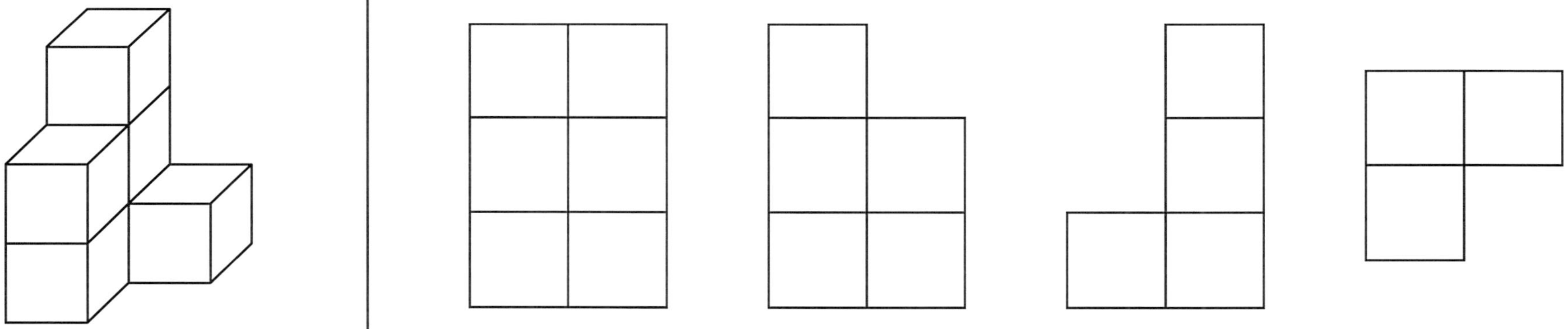





日本学習図書株式会社

問題３５－１

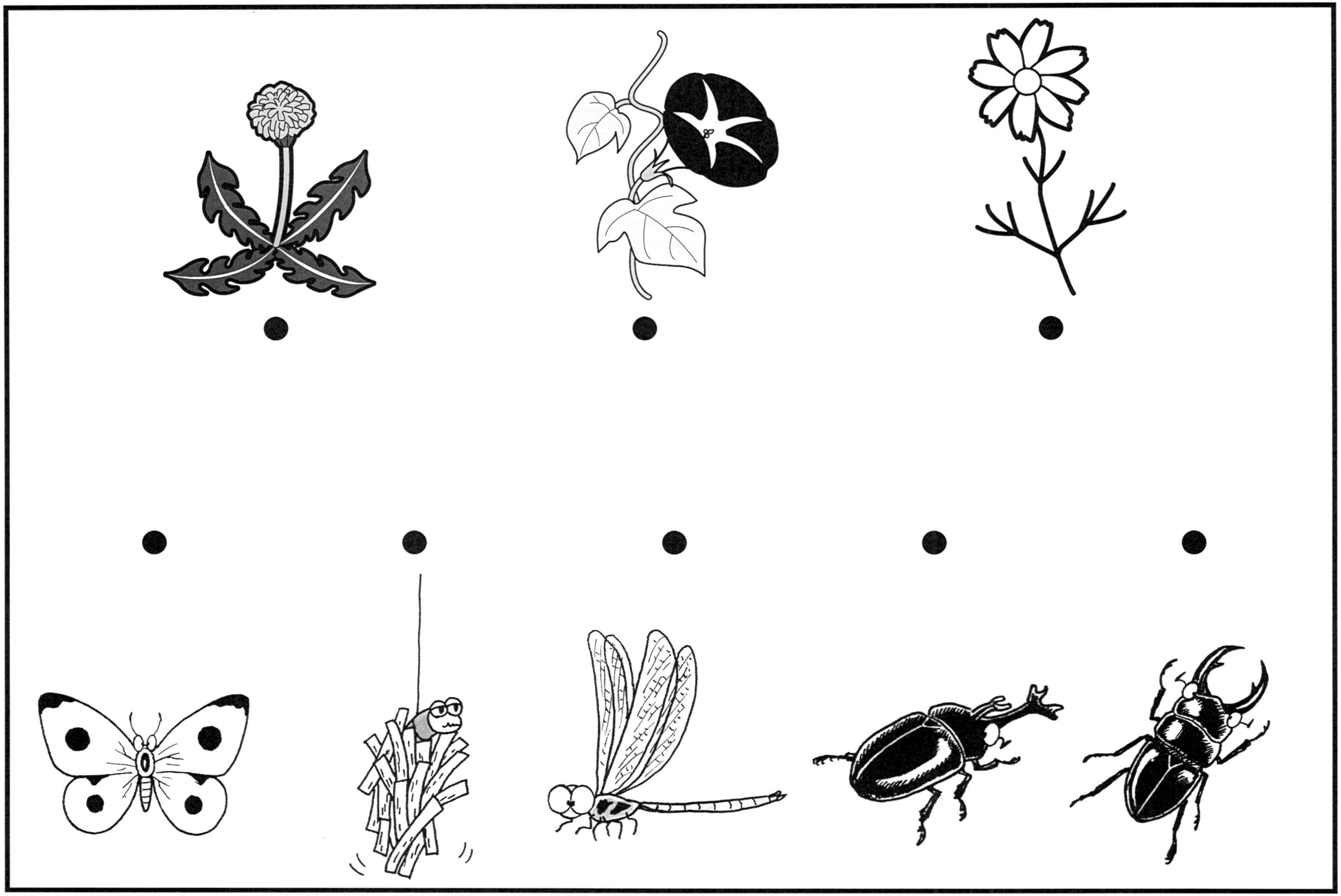

# 問題３５－２

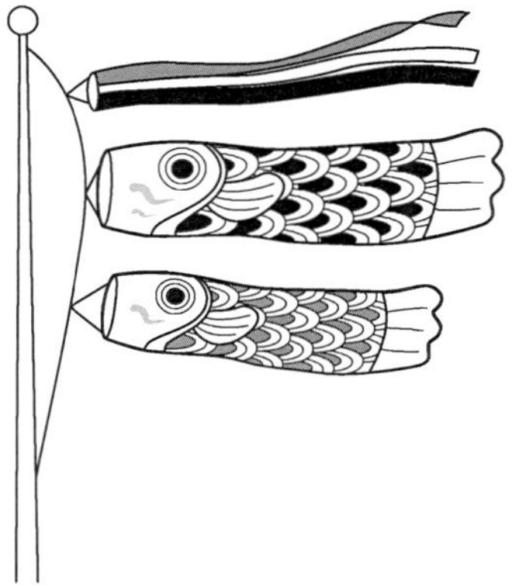

　　日本学習図書株式会社

# 問題３５－３

# 問題３６－１

2021年度　鳴門教育大附小　過去　無断複製／転載を禁ずる　　日本学習図書株式会社

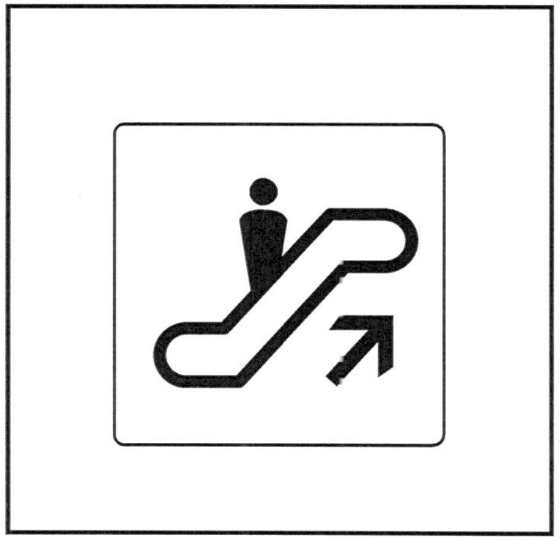

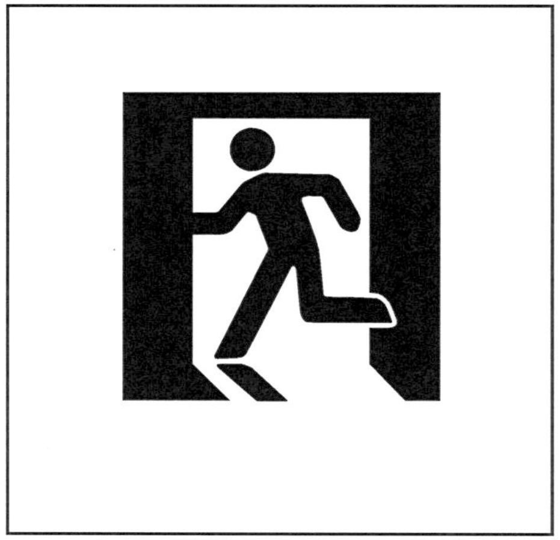

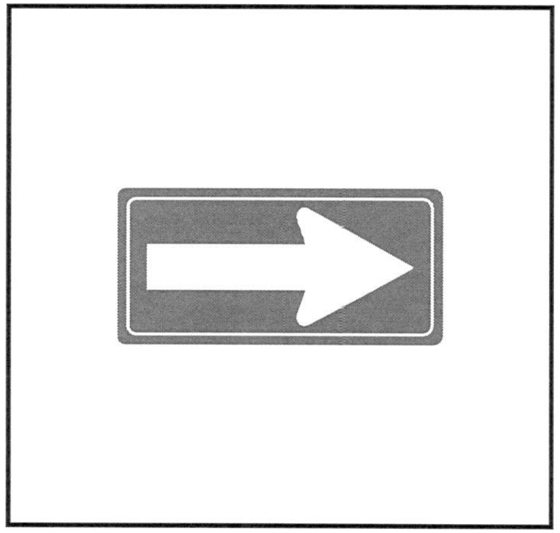

# 問題３７

①

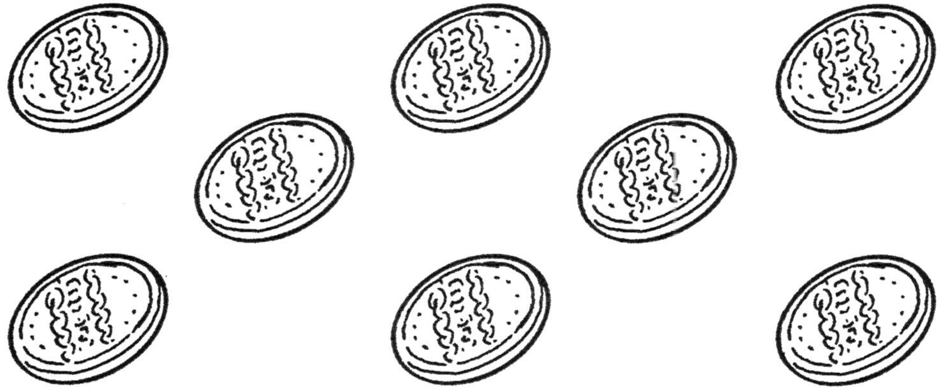

②

2021年度　鳴門教育大附小　過去　無断複製／転載を禁ずる　日本学習図書株式会社

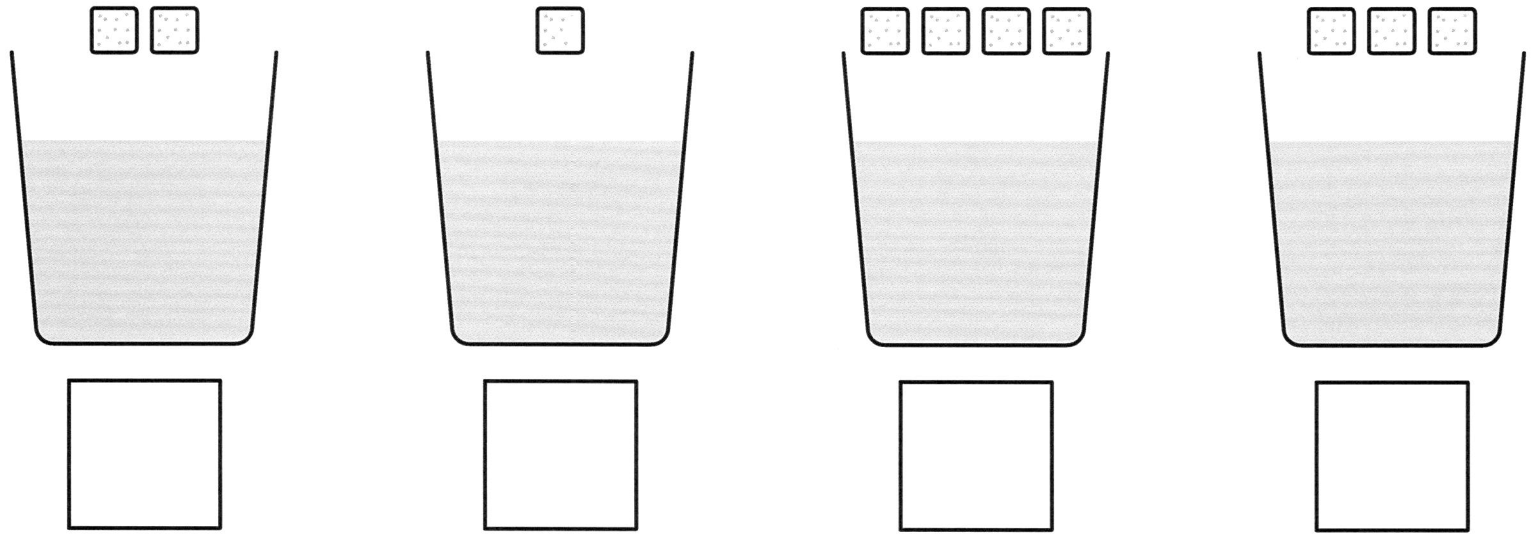

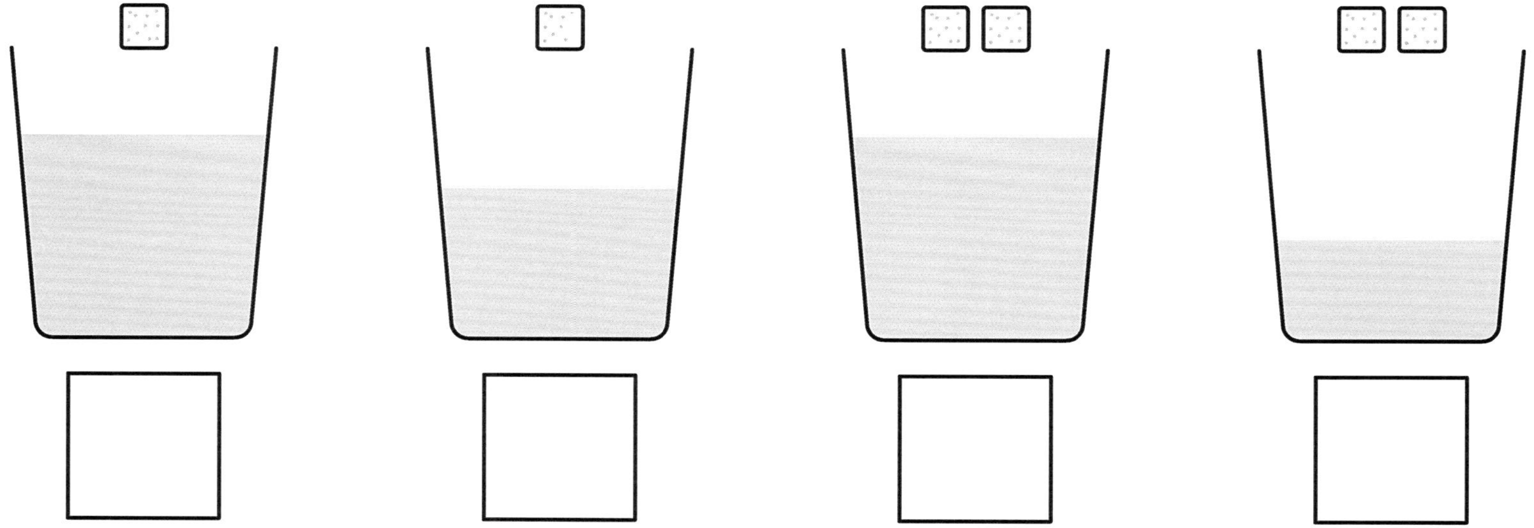

日本学習図書株式会社

2021年度　鳴門教育大附小　過去

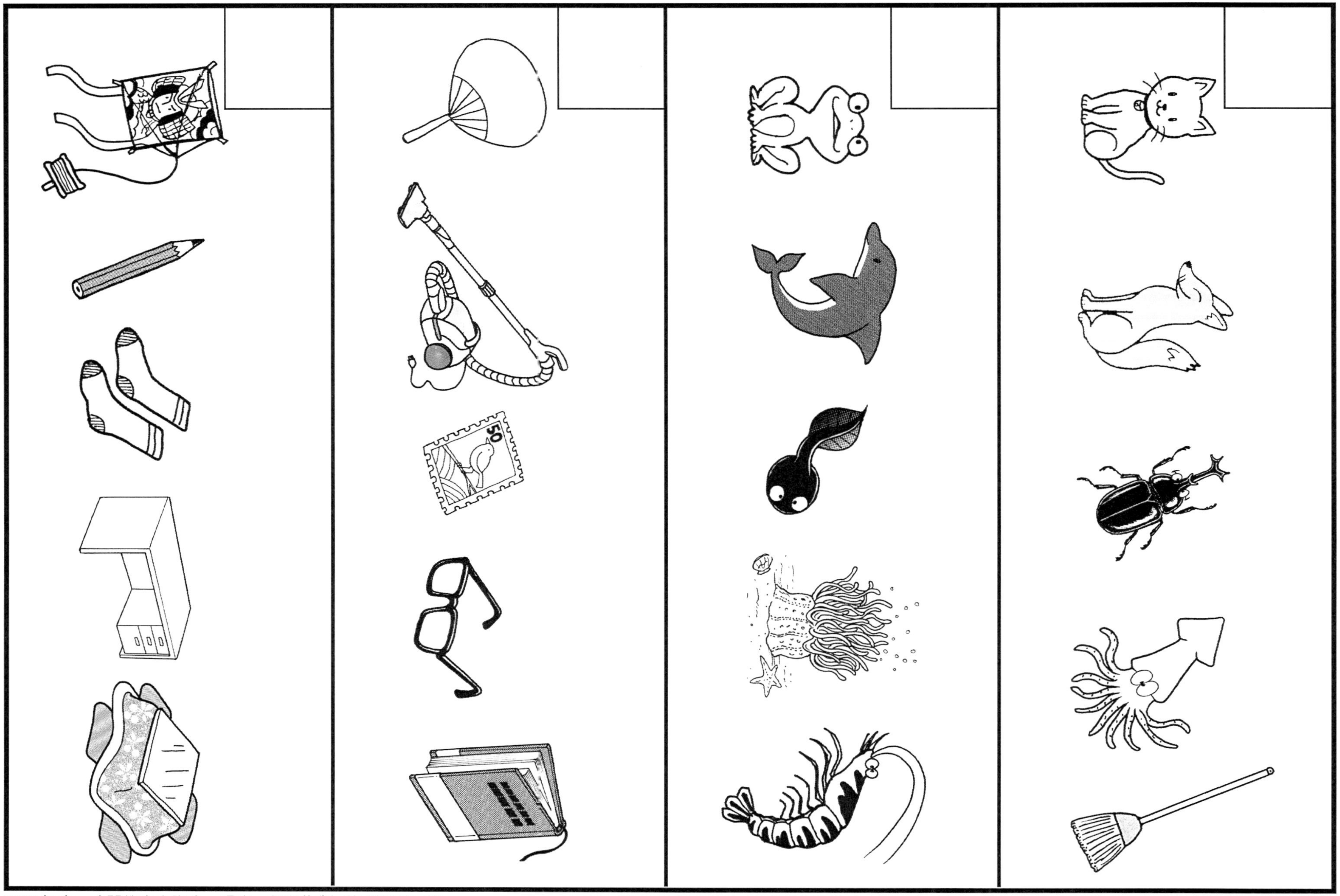

# 問題40

①

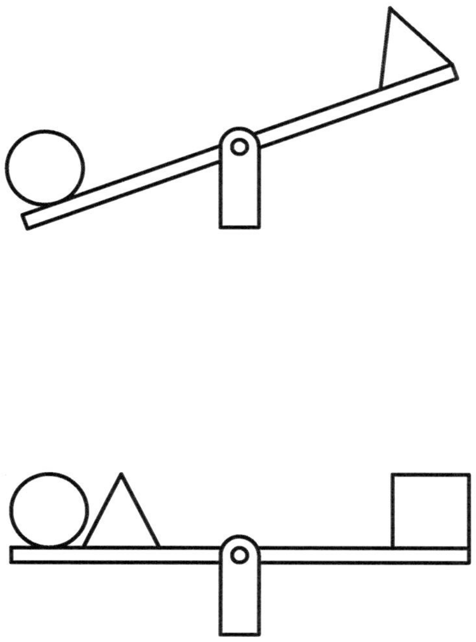

②

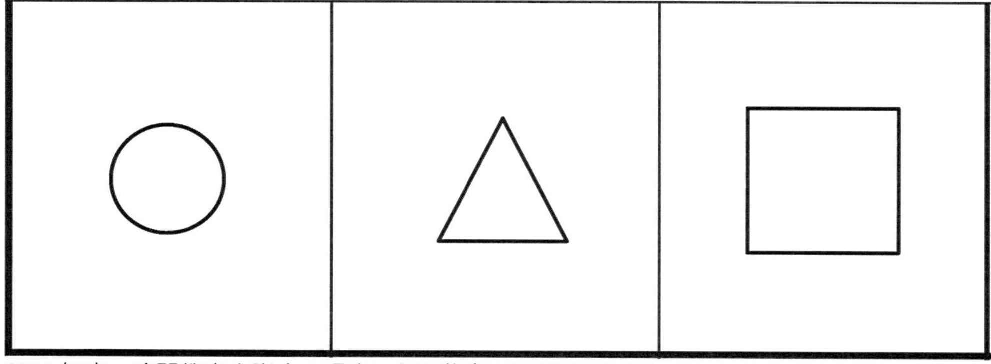

日本学習図書株式会社

# 分野別 小学入試練習帳 ジュニアウォッチャー

| | |
|---|---|
| 1．点・線図形 | 小学校入試で出題頻度の高い『点・線図形』の模写を、難易度の低いものから段階別に幅広く練習することができるように構成。 |
| 2．座標 | 図形の位置模写という作業を、難易度の低いものから段階別に練習できるように構成。 |
| 3．パズル | 様々なパズルの問題を難易度の低いものから段階別に練習できるように構成。 |
| 4．同図形探し | 小学校入試で出題頻度の高い、同図形選びの問題を繰り返し練習できるように構成。 |
| 5．回転・展開 | 図形などを回転、または展開したとき、形がどのように変化するかを学習し、理解を深められるように構成。 |
| 6．系列 | 数、図形などの様々な系列問題を、難易度の低いものから段階別に練習できるように構成。 |
| 7．迷路 | 迷路の問題を繰り返し練習できるように構成。 |
| 8．対称 | 対称に関する問題を４つのテーマに分類し、各テーマごとに問題を段階別に練習できるように構成。 |
| 9．合成 | 図形の合成に関する問題を、難易度の低いものから段階別に練習できるように構成。 |
| 10．四方からの観察 | もの（立体）を様々な角度から見て、どのように見えるかを推理する問題を段階別に整理し、１つの形式で複数の問題を練習できるように構成。 |
| 11．いろいろな仲間 | ものや動物、植物の共通点を見つけ、分類していく問題を中心に構成。 |
| 12．日常生活 | 日常生活における様々な問題を６つのテーマに分類し、各テーマごとに一つの問題形式で複数の問題を練習できるように構成。 |
| 13．時間の流れ | 『時間』に着目し、様々なものごとは、時間が経過するとどのように変化するのかということを学習し、理解できるように構成。 |
| 14．数える | 様々なものを『数える』ことから、数の多少の判定やかけ算、わり算の基礎までを練習できるように構成。 |
| 15．比較 | 比較に関する問題を５つのテーマ（数、高さ、長さ、量、重さ）に分類し、各テーマごとに問題を段階別に練習できるように構成。 |
| 16．積み木 | 数える対象を積み木に限定した問題集。 |
| 17．言葉の音遊び | 言葉の音に関する問題を５つのテーマに分類し、各テーマごとに問題を段階別に練習できるように構成。 |
| 18．いろいろな言葉 | 表現力をより豊かにするいろいろな言葉として、擬態語や擬声語、同音異義語、反意語、数詞を取り上げた問題集。 |
| 19．お話の記憶 | お話を聴いてその内容を記憶、理解し、設問に答える形式の問題集。 |
| 20．見る記憶・聴く記憶 | 「見て憶える」「聴いて憶える」という『記憶』分野に特化した問題集。 |
| 21．お話作り | いくつかの絵を元にしてお話を作る練習をして、想像力を養うことができるように構成。 |
| 22．想像画 | 描かれてある形や景色に好きな絵を描くことにより、想像力を養うことができるように構成。 |
| 23．切る・貼る・塗る | 小学校入試で出題頻度の高い、はさみやのりなどを用いた巧緻性の問題を繰り返し練習できるように構成。 |
| 24・絵画 | 小学校入試で出題頻度の高い、お絵かきやぬり絵などクレヨンやクーピーペンを用いた巧緻性の問題を繰り返し練習できるように構成。 |
| 25．生活巧緻性 | 小学校入試で出題頻度の高い日常生活の様々な場面における巧緻性の問題集。 |
| 26．文字・数字 | ひらがなの清音、濁音、拗音、拗長音、促音と１～20までの数字に焦点を絞り、練習できるように構成。 |
| 27．理科 | 小学校入試で出題頻度が高くなりつつある理科の問題を集めた問題集。 |
| 28．運動 | 出題頻度の高い運動問題を種目別に分けて構成。 |
| 29．行動観察 | 項目ごとに問題提起をし、「このような時はどうか、あるいはどう対処するのか」の観点から問いかける形式の問題集。 |
| 30．生活習慣 | 学校から家庭に提起された問題と思って、一問一問絵を見ながら話し合い、考える形式の問題集。 |
| 31．推理思考 | 数、量、言語、常識（含理科、一般）など、諸々のジャンルから問題を構成し、近年の小学校入試問題傾向に沿って構成。 |
| 32．ブラックボックス | 箱や筒の中を通ると、どのようなお約束でどのように変化するかを推理・思考する問題集。 |
| 33．シーソー | 重さの違うものをシーソーに乗せた時どちらに傾くのか、またどうすればシーソーは釣り合うのかを思考する基礎的な問題集。 |
| 34．季節 | 様々な行事や植物などを季節別に分類できるように知識をつける問題集。 |
| 35．重ね図形 | 小学校入試で頻繁に出題されている「図形を重ね合わせてできる形」についての問題を集めました。 |
| 36．同数発見 | 様々な物を数え「同じ数」を発見し、数の多少の判断や数の認識の基礎を学べるように構成した問題集。 |
| 37．選んで数える | 数の学習の基本となる、いろいろなものの数を正しく数える学習を行う問題集。 |
| 38．たし算・ひき算１ | 数字を使わず、たし算とひき算の基礎を身につけるための問題集。 |
| 39．たし算・ひき算２ | 数字を使わず、たし算とひき算の基礎を身につけるための問題集。 |
| 40．数を分ける | 数を等しく分ける問題です。等しく分けたときに余りが出るものもあります。 |
| 41．数の構成 | ある数がどのような数で構成されているか学んでいきます。 |
| 42．一対多の対応 | 一対一の対応から、一対多の対応まで、かけ算の考え方の基礎学習を行います。 |
| 43．数のやりとり | あげたり、もらったり、数の変化をしっかりと学びます。 |
| 44．見えない数 | 指定された条件から数を導き出します。 |
| 45．図形分割 | 図形の分割に関する問題集。パズルや合成の分野にも通じる様々な問題を集めました。 |
| 46．回転図形 | 「回転図形」に関する問題集。やさしい問題から始め、いくつかの代表的なパターンから、段階を踏んで学習できるよう編集されています。 |
| 47．座標の移動 | 「マス目の指示通りに移動する問題」と「指示された数だけ移動する問題」を収録。 |
| 48．鏡図形 | 鏡で左右反転させた時の見え方を考えます。平面図形から立体図形、文字、絵まで。 |
| 49．しりとり | すべての学習の基礎となる「言葉」を学ぶこと、特に「語彙」を増やすことに重点をおき、さまざまなタイプの「しりとり」問題を集めました。 |
| 50．観覧車 | 観覧車やメリーゴーラウンドなどを舞台にした「回転系列」の問題集。「推理思考」分野の問題ですが、要素として「図形」や「数量」も含みます。 |
| 51．運筆① | 鉛筆の持ち方を学び、点線なぞり、お手本を見ながらの模写で、線を引く練習をします。 |
| 52．運筆② | 運筆①からさらに発展し、「欠所補完」や「迷路」などを楽しみながら、より複雑な鉛筆運びを習得することを目指します。 |
| 53．四方からの観察 積み木編 | 積み木を使用した「四方からの観察」に関する問題を練習できるように構成。 |
| 54．図形の構成 | 見本の図形がどのような部分によって形づくられているかを考えます。 |
| 55．理科② | 理科的知識に関する問題を集中して練習する「常識」分野の問題集。 |
| 56．マナーとルール | 道路や駅、公共の場でのマナー、安全や衛生に関する常識を学べるように構成。 |
| 57．置き換え | さまざまな具体的・抽象的事象を記号で表す「置き換え」の問題を扱います。 |
| 58．比較② | 長さ・高さ・体積・数などを数学的な知識を使わず、論理的に推測する「比較」の問題を練習できるように構成。 |
| 59．欠所補完 | 線と線のつながり、欠けた絵に当てはまるものなどを求める「欠所補完」に取り組める問題集です。 |
| 60．言葉の音（おん） | しりとり、決まった順番の音をつなげるなど、「言葉の音」に関する問題に取り組める練習問題集です。 |

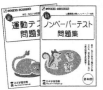

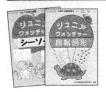

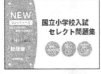

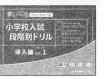

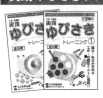

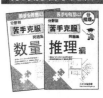

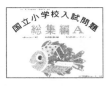

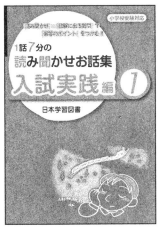

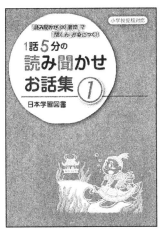

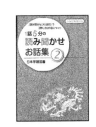

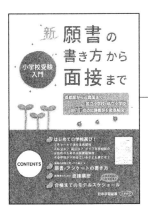

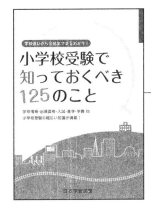

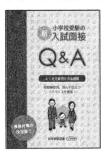

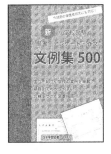

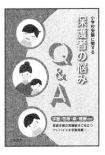

図書カード1000円分プレゼント

ご記入日　　　年　　月　　日

# ☆国・私立小学校受験アンケート☆

※可能な範囲でご記入下さい。選択肢は○で囲んで下さい。

〈小学校名〉＿＿＿＿＿＿＿＿＿＿＿＿　〈お子さまの性別〉男・女　〈誕生月〉＿＿月

〈その他の受験校〉（複数回答可）＿＿＿＿＿＿＿＿＿＿＿＿＿＿＿＿＿＿

〈受験日〉①：＿＿月＿＿日〈時間〉＿＿時＿＿分　〜　＿＿時＿＿分

②：＿＿月＿＿日〈時間〉＿＿時＿＿分　〜　＿＿時＿＿分

〈受験者数〉男女計＿＿名（男子＿＿名　女子＿＿名）

〈お子さまの服装〉＿＿＿＿＿＿＿＿＿＿＿＿＿＿＿＿

〈入試全体の流れ〉（記入例）準備体操→行動観察→ペーパーテスト

＿＿＿＿＿＿＿＿＿＿＿＿＿＿＿＿＿＿＿＿＿＿＿＿

**Eメールによる情報提供**

日本学習図書では、Eメールでも入試情報を募集しております。

下記のアドレスに、アンケートの内容をご入力の上、メールをお送り下さい。

**ojuken@nichigaku.jp**

## ●行動観察　（例）好きなおもちゃで遊ぶ・グループで協力するゲームなど

〈実施日〉＿＿月＿＿日〈時間〉＿＿時＿＿分　〜　＿＿時＿＿分〈着替え〉□有　□無

〈出題方法〉□肉声　□録音　□その他（　　　　　）〈お手本〉□有　□無

〈試験形態〉□個別　□集団（　　　人程度）

〈会場図〉

〈内容〉

□自由遊び

＿＿＿＿＿＿＿＿＿＿＿＿＿＿＿＿＿＿

□グループ活動

＿＿＿＿＿＿＿＿＿＿＿＿＿＿＿＿＿＿

□その他

＿＿＿＿＿＿＿＿＿＿＿＿＿＿＿＿＿＿

## ●運動テスト（有・無）　（例）跳び箱・チームでの競争など

〈実施日〉＿＿月＿＿日〈時間〉＿＿時＿＿分　〜　＿＿時＿＿分〈着替え〉□有　□無

〈出題方法〉□肉声　□録音　□その他（　　　　　）〈お手本〉□有　□無

〈試験形態〉□個別　□集団（　　　人程度）

〈会場図〉

〈内容〉

□サーキット運動

□走り　□跳び箱　□平均台　□ゴム跳び

□マット運動　□ボール運動　□なわ跳び

□クマ歩き

□グループ活動＿＿＿＿＿＿＿＿＿＿＿＿

□その他＿＿＿＿＿＿＿＿＿＿＿＿＿＿

## ●知能テスト・口頭試問

〈実施日〉＿＿＿月＿＿＿日 〈時間〉＿＿＿時＿＿＿分 ～ ＿＿＿時＿＿＿分 〈お手本〉□有 □無

〈出題方法〉□肉声 □録音 □その他（　　　　　　）〈問題数〉＿＿枚 ＿＿問

| 分野 | 方法 | 内　　容 | 詳　細・イ　ラ　ス　ト |
|---|---|---|---|
| （例）<br>お話の記憶 | ☑筆記<br>□口頭 | 動物たちが待ち合わせをする話 | （あらすじ）<br>動物たちが待ち合わせをした。最初にウサギさんが来た。次にイヌくんが、その次にネコさんが来た。最後にタヌキくんが来た。<br>（問題・イラスト）<br>３番目に来た動物は誰か  |
| お話の記憶 | □筆記<br>□口頭 | | （あらすじ）<br>（問題・イラスト） |
| 図形 | □筆記<br>□口頭 | | |
| 言語 | □筆記<br>□口頭 | | |
| 常識 | □筆記<br>□口頭 | | |
| 数量 | □筆記<br>□口頭 | | |
| 推理 | □筆記<br>□口頭 | | |
| その他 | □筆記<br>□口頭 | | |

## ●制作　（例）ぬり絵・お絵かき・工作遊びなど

〈実施日〉　月　日　〈時間〉　時　分　～　時　分

〈出題方法〉　□肉声　□録音　□その他（　　　　　　）〈お手本〉□有　□無

〈試験形態〉　□個別　□集団（　　　人程度）

| 材料・道具 | 制作内容 |
|---|---|
| □ハサミ<br>□のり（□つぼ　□液体　□スティック）<br>□セロハンテープ<br>□鉛筆　□クレヨン（　色）<br>□クーピーペン（　色）<br>□サインペン（　色）□<br>□画用紙（□ A4　□ B4　□ A3<br>□その他：　　　　）<br>□折り紙　□新聞紙　□粘土<br>□その他（　　　　） | □切る　□貼る　□塗る　□ちぎる　□結ぶ　□描く　□その他（　　　　）<br>タイトル：＿＿＿＿＿＿＿＿ |

## ●面接

〈実施日〉　月　日　〈時間〉　時　分　～　時　分〈面接担当者〉　名

〈試験形態〉□志願者のみ（　）名　□保護者のみ　□親子同時　□親子別々

〈質問内容〉

※試験会場の様子をご記入下さい。

□志望動機　□お子さまの様子

□家庭の教育方針

□志望校についての知識・理解

□その他（　　　　　　　　）

（詳　細）

・

・

・

・

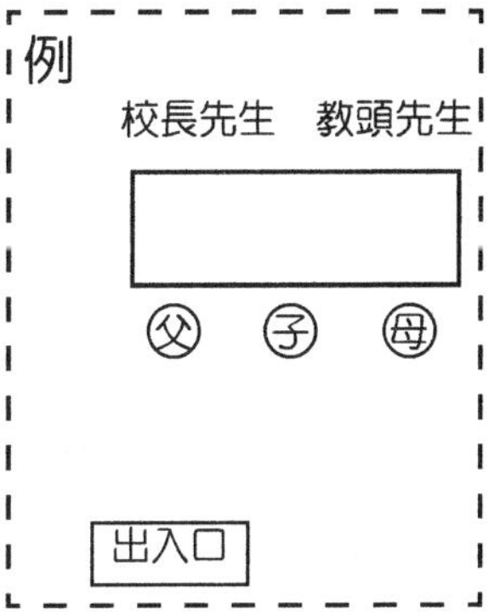


## ●保護者作文・アンケートの提出（有・無）

〈提出日〉　□面接直前　□出願時　□志願者考査中　□その他（　　　　　　）

〈下書き〉　□有　□無

〈アンケート内容〉

（記入例）当校を志望した理由はなんですか（150 字）

●説明会（□有　□無）〈開催日〉　月　日〈時間〉　時　分　～　時　分

〈上履き〉　□要　□不要　〈願書配布〉　□有　□無　〈校舎見学〉　□有　□無

〈ご感想〉

●参加された学校行事（複数回答可）

公開授業〈開催日〉　月　日〈時間〉　時　分　～　時　分

運動会など〈開催日〉　月　日〈時間〉　時　分　～　時　分

学習発表会・音楽会など〈開催日〉　月　日〈時間〉　時　分　～　時　分

〈ご感想〉

※是非参加したほうがよいと感じた行事について

●受験を終えてのご感想、今後受験される方へのアドバイス

※対策学習（重点的に学習しておいた方がよい分野）、当日準備しておいたほうがよい物など

＊＊＊＊＊＊＊＊＊＊＊＊＊　ご記入ありがとうございました　＊＊＊＊＊＊＊＊＊＊＊＊＊

**必要事項をご記入の上、ポストにご投函ください。**

なお、本アンケートの送付期限は入試終了後３ヶ月とさせていただきます。また、入試に関する情報の記入量が当社の基準に満たない場合、謝礼の送付ができないことがございます。あらかじめご了承ください。

ご住所：〒

お名前：　　　　メール：

ＴＥＬ：　　　　ＦＡＸ：

ご記入頂いた個人に関する情報は、当社にて厳重に管理致します。弊社の個人情報取り扱いに関する詳細は、www.nichigaku.jp/policy.php の「個人情報の取り扱い」をご覧下さい。

## 家庭学習をトータルサポート！ ニチガクの オリジナル 効果的 学習法

### 1 まずは アドバイスページを読む！

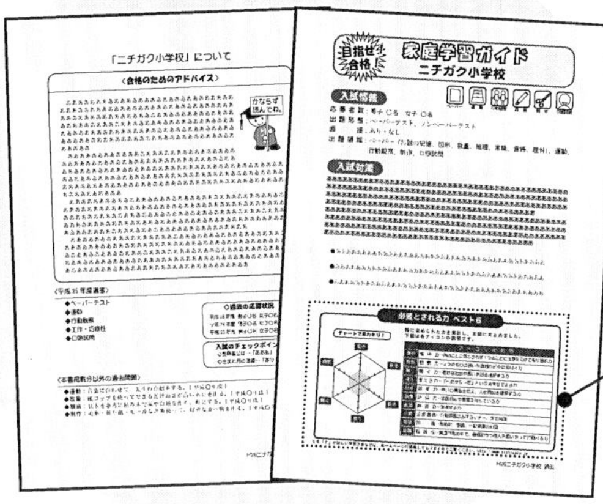


ピンク色です

対策や試験ポイントがぎっしりつまった「家庭学習ガイド」。分析内容やレーダーチャート、分野アイコンで、試験の傾向をおさえよう！

### 2 問題を全て読み、出題傾向を把握する

### 3 「学習のポイント」で学校側の観点や問題の解説を熟読

### 4 初めて過去問題にチャレンジ！

### 5 プラスα 対策問題集や類題で力を付ける

## 過去問のこだわり

### 各問題に求められる「力」

分野だけでなく、各問題の求められる「力」をアイコンで表記！アドバイスページの分析レーダーチャートで力のバランスも把握できる！

各問題のジャンル

**問題1** 分野：数量（計数） 集中 観察

〈準 備〉 クレヨン

〈問 題〉 ①虫がたくさんいます。それぞれの虫は何匹いますか。下のそれぞれの絵の右側に、その数だけ緑色のクレヨンで○を書いてください。
②果物が並んでいます。それぞれの果物はいくつありますか。下のそれぞれの絵の右側に、その数だけ赤色のクレヨンで○を書いてください。

〈時 間〉 1分

〈解 答〉 ①アメンボ…5、カブトムシ…8、カマキリ…11、コオロギ…9
②ブドウ…6、イチゴ…10、バナナ…8、リンゴ…5

出題年度

［2017年度出題］

**学習のポイント**

①は男子、②は女子で出題されました。1次試験のペーパーテストは、全体的にオーソドックスな内容で、特別に難易度が高い問題ではありません。しかし、解答時間が短く、解き終わらない受験者も多かったようです。本問のような計数問題では、特に根気よく、数え落としがないように進めなければなりません。そのためにも、例えば、左上の虫から右に見ていく、もしくは縦に見ていく、というように、ルールを決めて数えていくこと、また、○や×、△などの印を虫ごとに付けていくことで、数え落としのミスを減らせます。時間は短いため焦りがつきものですが、落ち着いて取り組めるよう、少しずつ練習していきましょう。

【おすすめ問題集】
Jr・ウォッチャー14「数える」、37「選んで数える」

### 学習のポイント

各問題の解説や学校の観点、指導のポイントなどを教えます。
保護者の方が今日から家庭学習の先生に！

### おすすめ対策問題集

分野ごとに対策問題集をご紹介。苦手分野の克服に最適です！
＊専用注文書付き。

2021年度版
鳴門教育大学附属小学校　過去問題集

発行日　2020年8月6日
発行所　〒162-0821　東京都新宿区津久戸町 3-11
TH1ビル飯田橋 9F
日本学習図書株式会社
電　話　03-5261-8951 ㈹